救国のアーカイブ

公文書管理が日本を救う

倉山満
Kurayama Mitsuru

ワニブックス

はじめに　アーカイブとは何か？

この本を読み終えると、どんな良いことがあるのか。

今まで見たことも聞いたことも無かったような、新しい知識を身につけた喜びに溢れていると確信しています。私は本書を、自信を持って読者の皆様にお届けします。

本書でお話しする、アーカイブとは何なのか？

日本を救う技術であり、学問体系です。

アーカイブという言葉は、なじみが無いかもしれませんが、「公文書管理」という言葉は聞いたことがあるでしょう。公文書管理はアーカイブの一部です。アーカイブとは文書管理のことです。文書には大きく「公文書」と「私文書」の二種類があります。だから、「公文書管理」はアーカイブの一部です。なお、それぞれ「こうぶんしょ」「しぶんしょ」と読みます。他の読み方もあるのですが、まずは一般的な読み方を覚えておいてください。

ただ、悪いイメージもついています。「公文書」と聞いただけで、「隠す政府」と「追及する野党&マスコミ」との構図を思い浮かべるかもしれません。不幸なことです。本来の文書管理は、きわめて中立的なのですから。

アーカイブは、政府与党にも野党&マスコミにも、国民全員に対して公平です。その文書を使って議論を戦わせることはあっても、文書の管理自体にイデオロギーはありません。アーカイブとは、その文書の管理のやりかたを研究する技術です。そして文明国においては単なる技術の域を超えて、学問にまで高められているのです。

この技術を身に着けることは個人の生活にも役に立ちますし、会社などの組織運営にも役に立ちます。学問としてのアーカイブをしっかり打ち立てることは、国の為になります。そして、政府で働いている公務員の為にもなります。今のように政権や公務員バッシングの道具として「公文書」が使われるのは、極めて不幸で異常な事態です。

きちんとした文書管理は、ミサイルよりも破壊力があり有益である。アーカイブこそが国を守る武器だと信じています。

私が文書管理（アーカイブ）に関心を抱いたのは、もともとは歴史学者だったからです。私が大学院に入学したころは、いわゆる「慰安婦」問題が話題沸騰でした。あるいは、毎年のように八月十五日と十二月八日が近づくたびに、天皇の戦争責任が問題視されていました。しかし、慰安婦にしても天皇の戦争責任にしても、アーカイブを知っていれば、一発で解決します。学生時代、韓国人や中国人の友人がいましたが、お互いにアーカイブを知っていたので、子供のようなケンカなどせず、大人の付き合いができました。

なぜか。

文書管理（アーカイブ）こそ、日本を救う。

一つ一つ、お話ししていきましょう。

令和三年四月吉日

倉山満

第一章 歴史に見る、文書管理とは何か?

第二章 令和の文書管理、今の日本の課題

第三章 実践文書管理

第四章 日本史における公と私

第五章 歴史問題を解決する

装丁・本文デザイン　木村慎二郎

※敬称につきましては、一部省略いたしました。
役職は当時のものです。
※写真にクレジットがないものは、パブリックドメインです。

第一章
歴史に見る、文書管理とは何か？

普通の国ならば「西浦教授のニコニコ動画」は公文書になる

世界的な文明国基準の公文書の定義は「意思決定に関与した文書」です。この定義に則って、コロナ禍について考えてみたいと思います。

二〇二〇年初夏に全国規模の緊急事態宣言、二〇二一年に入ってから一一都府県に対して同宣言が発令されました。二〇二〇年四月～六月期の実質ＧＤＰ速報値（第二次速報）は前期比較マイナス七・九パーセント、年率換算二八・一パーセントで、戦後最大の落ち込みと報道されました。金額に直すと約六〇兆円のＧＤＰが失われたことになります。

菅義偉首相　2021 年 1 月 7 日、緊急事態宣言発出に際して会見　首相官邸ホームページ

政府が緊急事態宣言の外出自粛要請によって、経済そのものを止めた結果です。今を生きている日本人なら、誰もが知っている事実です。たった一年前の話ですから。では、何がきっかけでこうした事態になったか、覚えている人

は、何人いらっしゃるでしょうか。

昨年四月一五日、厚生労働省クラスター対策班の西浦博北海道大教授が、「人と人との接触を減らすなどの対策を全く取らない場合、国内で約八五万人が重篤になり、約四二万人が死亡する恐れがある」という試算を発表しました。西浦教授は「人と人の接触が八割減れば一五日後に感染者が十分に減少する」といった試算も発表し、後に「八割おじさん」などと呼ばれました。

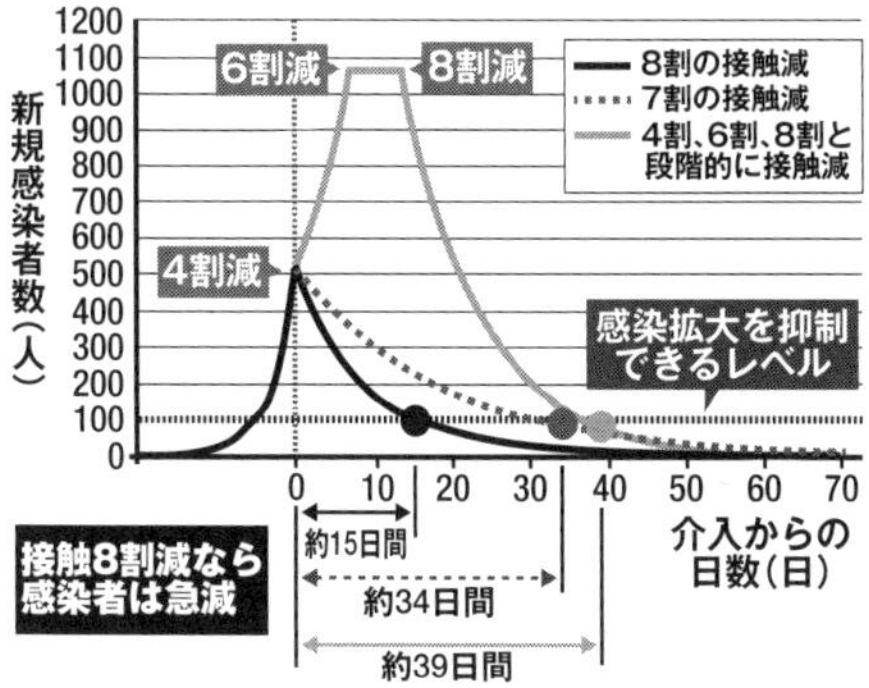

現・京都大（当時・北海道大学教授）の西浦博教授の資料を参考に作成

当時は北海道大教授で、厚生労働省クラスター対策班にいた西浦教授の発表が、すべてのきっかけです。すでに七都府県に出されていた緊急事態宣言を全国に拡大すると政府が発表したのは、この発表の翌日、四月一六日のことでした。

発表が記憶に新しい時期であれば、西浦教授の試算と意見が政府の意思決定に関与したことは議論の余地がない明らかな事実だと誰もが言えるでしょう。今なら、ほとんどの日本人は言われたら思い出すでしょう。しかし、三年後、五年後、十年後となれば、西浦教授の試算と意見が政府の緊急事態宣言および自粛要請の意思決定に関与して経済を止めることに繋がった、ということは忘れられてしまうでしょう。だから記録に残さなければならないのです。

約四二万人が死亡する恐れがあるという西浦教授の計算式は、その後いろいろな場所で周辺情報が発信されてはいますが、当初は「ニコニコ動画」という動画サイトでのみ見ることができました。

そこで、アーカイブの観点から、「ニコニコ動画とは何か?」を考えてみたいと思います。結論から先に言えば、ニコニコ動画は「文書」です。

アーカイブの世界では有名な、文書の定義があります。明治時代の判例です。文書偽造罪に問われた被告人が「灰皿に記号を書いただけで、紙に文字を書いたわけではないから、文書ではない。よって、文書偽造罪に当たらない」と主張し、下級審で勝ちました。しかし大審院、当時の最高裁まで争われ、「記号が書かれた灰皿も文書である」との判断が下り、敗訴しました。明治四三年九月三十日の大審院判決です。意思が示されているものであれば、紙に書かれたものでなくても、また、文字ではなくても文書であるという判例です。これは、今でも生きています。

したがって、紙以外のモノでも文書として扱われます。だから、ニコニコ動画は動画ですが、文書なのです。

では、「西浦教授のニコニコ動画」は、公文書か私文書か。ニコニコ動画は明らかに私文書です。しかし、西浦教授の計算式に基づいて経済が止められたこと、全国規模の緊急事態宣言、外出自粛要請、営業自粛要請となったことは間違いありません。つまり、権力の意思決定に関与した文書です。

FCCJで会見する西浦博教授 ©ZUMA Press／アフロ

今の状態では私文書であるので、これをただちに公文書として残すことが重要です。当該動画が現時点で「しぶんしょ」なのか「しもんじょ」なのかは議論のあるところですが、コロナ禍が収束するまでは「しぶんしょ」でしょう。収束した後は「しもんじょ」となります。「しぶんしょ」

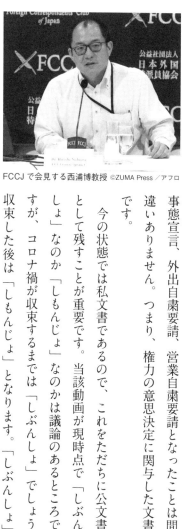

もしくは「しもんじょ」の状態のものを公文書にするべきかどうかはともかく、最終的に公文書（こうもんじょ）として残すべきであろうというのがアーカイブの考え方であり、「西浦教授のニコニコ動画」は、今は私文書（しぶんしょ）かもしれないけれども最終的には公文書（こうもんじょ）として残すべきだと考えるのです。

ここで「こうぶんしょ」「しぶんしょ」以外の「こうもんじょ」「しもんじょ」という聞きなれない言葉が出ましたが、後で解説しますので、ここではあまり気にしないでください。要するに、効力のある資料が「ぶんしょ」で、既に効力のなくなった史料が「もんじょ」だとだけ理解しておいてください。

私文書を公文書にすることは、可能です。

動画の著作権についても、著作権法第四十二条の三（公文書管理法等のための利用）に基づいて、国立公文書館館長は必要なモノを複製したり保存したりできるということになっていますから法律上の問題はありません。「西浦教授のニコニコ動画」は、公開されている私文書ですから、国立公文書館が「これは後世に残すべき歴史的に貴重な記録だ」と考えてＵＳＢか何かに保存すれば、その時点で公文書になります。

アーカイブ（文書管理）を行う人をアーキビストと言いますが、普通の国のアーキビストなら「西浦教授のニコニコ動画」を国立公文書館に移管するよう働きかけるでしょう。

ここまでの話を聞いて誤解しないでほしいことがあります。私は西浦氏を攻撃したいから、公文書として未来永劫残せと言っているのではありません。さらに言うと、弁護したいからでもありません。もしかしたら、国立公文書館に「西浦教授のニコニコ動画」が残っていた場合、後世の人から西浦教授は批判されるかもしれません。でも、弁護されるかもしれません。そうした評価に立ち入らないのが、アーカイブなのです。

なぜ「西浦教授のニコニコ動画」は貴重なのか。第一の理由は既に述べたように、日本国の意思決定に重要な影響を及ぼしたからです。しかも動画という形の私文書なので、保存されずに忘れられる可能性があります。

第二の理由は、「四二万人死ぬ」の計算式が公開されている、唯一の文書だからです。去年の新聞などを見れば、西浦教授が「八割削減しろ」「何もしないと四二万人死ぬ」と言った記事には、無数に当たれます。結論だけは飛び交っています。しかし、それは結論だけで根拠が分からず、断片的な情報にすぎません。西浦教授がなぜ「八割削減しろ」「何もしないと四二万人死ぬ」と言ったのかの根拠は、「西浦教授のニコニコ動画」しかないのです。

もし保存していれば、「西浦教授の根拠は間違っていた。だから次に備えよう」と考えることも、「西浦教授はきちんとした根拠で言っていたのに、つまみ食いされた。次はこうならないようにしよう」と考えることも、「西浦教授は当時の状況として最善の提案をしていた。あれが限界だった」と考えることもできます。いずれにしても、歴史的に貴重な文書が保存されていれば、将来の意思決定において検証することができます。

特に大事なのは、途中経過なのです。

日本の公文書管理の致命的な問題点

ここで日本のアーカイブ、文書管理の致命的な問題点を指摘します。

日本のアーカイブでは、最後の結論さえ残せばいいという考え方が支配的です。この考え方が、いかに間違っているか。

二〇二〇年以来、新型コロナウイルス感染に関する対応については、政府が多くの重要な決定をしています。各方面からそれらの決定に関する会議の議事録の提出を求められていますが、なかなか実現しません。官僚のアーカイブ抜きの管理行政は、明治初年の岩倉使節団以来の慣例でもあります。官僚は、途中経過の議論を見られたくないのです。

そして、最終的な結論しか残さないという姿勢は、官僚の無謬性《むびゅうせい》の原則に起因します。官僚の最終的な判断に間違いはないとの原則です。官僚に間違いがあると、行政への信頼を損なうと本気で考えているのです。このような体質は、戦前からです。

官僚は、頭の良さにかけては日本を代表する人たちです。勉強ができるので、残された紙、つまり文書に書かれていることには優れた整合性があります。官僚が公表した政府の文書だけを読んで矛盾を発見できるのは、よほどの人です。

今回のコロナ対策にしても、たとえ失敗ではないかと指摘されても、その時には予見可能性がなかったという言い訳ができるように作ってあります。与えられた情報で最善の判断をしたから、批判されるいわれはない、と言い訳可能な文書を作れる人が優秀な官僚とされます。

文書とは、過去に間違えたから次には活かそうという目的を持つものです。しかし、もっぱら結論だけを見せられるのが常態で、我々は完璧だった、失敗したとしても予見可能性はなかった、天変地異みたいなものだ、ということにされると、同じことが繰り返されます。現にコロナ禍では、同じような失敗を何度も繰り返しています。

では、優秀な官僚だらけになると、どうなるか。国が滅びます。当たり前でしょう。どんな失敗も、完璧な言い訳で乗り切られてしまうのですから、反省などできるはずがありません。もし言い訳不能の失敗を追及されたら、責任者の官僚は人生が終わりです。だから、誰も責任を追及しない。別に官僚個人の責任など追及できなくてよいのですが、失敗を反省できないのが困るのです。だから、ある文書に現れる政策が成功か失敗か以前に、どういう試行錯誤を行ったのかの過程が検証できるようにしておかねばならないのです。

だから、途中経過も残される必要があります。特に議事録は、どういう試行錯誤が繰り返されたのかの記録です。どのような失敗をしたのか、それも含めて記録しておかなければ、過去を未来の政策決定に活かすことができません。結論だけを見せられても困るし、いわんや、その結論を改ざんするというのは論外である、とするのがアーカイブの考え方です。

では、全部残すのかという議論になります。確かに、紙の時代には、なかなかできないことでした。しかし、今はデジタルアーカイブの時代になっており、捨てる理由がほとんど無くなっています。サーバーなりUSBなりに保存すればいいので。今や捨てるという発想が不要なのです。逆に、整理の重要性が高まっています。

かつては、「行政機関で作成された文書は、すべて捨てるな！」と主張する学者に対し、「下っ端が提出した文書まで残せと言うのか？」と一蹴した財務官僚がいました。名は秘しますが、後に内閣官房副長官補や日本郵政社長にまで出世した方です。紙の時代であれば保存も大変なのでそう言いたい気持ちはわかりますが、今や完全に時代遅れです。

たとえば、下っ端の○○さんが課長に意見書を提出した。その課では採用されなかった。でも、「○○ファイル」のようなフォルダを作って共有サーバーに保存しておけばよいのです。その課で何かの時に、「そう言えば○○さんが、ああいうこと提案していたな」と記録を確認できますので、仕事も便利になります。

最近は、会議の記録を、書記記録のかたちで残してくれ、ということが言われるようになりました。つまり、限りなく書き起こしに近いような形で言い間違えも含めて正確に残してくれとの要望が強いです。

以上をお話しした上で繰り返しますが、私が「西浦博士のニコニコ動画」を残せと言っているのは、攻撃する為ではありません。責任の所在を明確にする証拠にすべきだと言っているだけです。西浦教授の真意と全体像を示す文書を残せと言っている訳ですから、あえて言うならば、擁護する立場でしょうか。

アーカイブで考える基準は、歴史的に貴重か否かだけです。そして公文書管理においては「貴重か否か」の基準は、「意思決定に関与したか否か」です。意思決定に関与した文書は、すべて貴重なのです。

森友事件はなぜ大問題か

死人まで出ている陰惨な事件なので気が進まないのですが、公文書の本でこの話をしない訳にはいかないので、扱います。

国会議員の秘書さんも、就職活動をします。「政策秘書」の試験に合格すると、「興味がある政策」を登録します。登録すると、合格者一覧表に載ります。すると、国会議員のセンセイが合格者一覧表の「興味がある政策」の欄を見ながら、「この人に会ってみよう」と声をかける訳です。その「興味がある政策」に、「公文書管理」を挙げる人が、ここ数年、増えているそうです。国会議員が公文書管理に詳しい秘書を求める需要が、それだけあるということです。

現在、文書管理に関する問題が注目を集めています。文書管理の重要性とあり方については何年も議論され続けているのですが、なかなか成果を生まず、いろいろな事件が後を絶ちません。

皆さんがよくご存知の最近の出来事としては、「森友事件」が挙げられるでしょう。二〇一七年二月から新聞やテレビが伝え始めて表面化した森友事件は、各報道内容をまとめると次のようになります。

二〇一六年六月、学校法人「森友学園」に大阪府豊中市野田町の国有地が払い下げられた。不動産鑑定士による土地の評価額は九億五千六百万円だったが、財務省近畿財務局が決定した森友学園への払い下げ価格は一億三千四百万円。安倍晋三首相（当時）の昭恵

安倍晋三前首相

夫人が、森友学園が建設を予定していた小学校の名誉校長となっていることが報道され、安倍夫妻の影響、いわゆる忖度で払い下げ価格が不当に安くなったのではないかという疑惑が生じた。二〇一七年七月、籠池《かごいけ》泰典《やすのり》・諄子《じゅんこ》夫妻が国・地方自治体の補助金計約一億七千万円をだまし取った容疑で東京地検特捜部に逮捕、二〇二〇年二月一九日に大阪地裁判決で夫妻に有罪判決が下る。

これに関し二〇一八年三月、財務省が作成した土地取引に関わる決裁文書につき、その内容が、契約当時の文書と国会議員らに開示した文書とで異なることを朝日新聞がスクープ。内部調査により、財務省は、開示文書において安倍夫妻の関与が疑われかねない記述を削除していたことを認めた。同年同月、財務省近畿財務局の赤木俊夫上席国有財産管理官が、佐川《さがわ》宣寿《のぶひさ》当時財務省理財局長の指示で修正および差し替えを行ったことを手記に残して自殺。同年五月、大阪地検特捜部は、公文書の改ざんについての刑事責任は問えないとして佐川宣寿および財務省職員ら計三八人を不起訴処分とし二〇一九年八月に捜査は終結。二〇二〇年三月、赤木氏の妻が、国と佐川宣寿氏に対して計約一億一千二百万円の損害賠償を求めて大阪地裁に提訴した。

どうでもいいことですが、「森友学園」の当時の理事長は籠池泰典さんです。私も一度お会いしたことがありますが、気のいいおじさんでした(笑)。と、「かっこ笑い」とでもしておかねば殺伐とするだけのイヤな事件です。

この事件のポイントを、ここでは「公文書の改ざん」という点に置いてお話しします。公文書というものの実態、あるいはそれを改ざんすることの意味について、正確に理解している方は、そんなに多くないでしょうから。

公文書にはいろいろな種類があります。たとえば、巨額の取引を政府と取り交わす際の契約書は公文書です。国と国の条約の原本も、公文書です。そしてまた、会議メモも公文書になりえます。まず、公文書と呼ばれる文書の範囲は、極めて幅が広いということを知っておいてください。

日常的に仕事をしている中で、たとえば会議メモの日付を変えておきたい、ということが時々起こります。何らかの事情で会議をした日を前後にずらしておきたい、といったようなことは問題としては軽いのですが、これも公文書の改ざんであることには変わりありません。公文書の範囲が広い以上、当然ながら公文書の改ざんもまた、幅が広くなります。

森友事件がたいへん大きな問題であるのは、改ざんされたのが決裁文書だからです。決裁文書は、組織の意思決定を書き記した文書です。これに基づいて権限と拘束力が発生します。こうした、公文書の中でも決裁文書という極めて重い文書の改ざんなので、森友事件は大問題なのです。

他はいざ知らず、決裁文書の改ざんが許されるなら、情報公開など何の意味も無いと批判されていますが、その通りでしょう。

情報公開法が生んだ新しい官僚文化

安倍内閣の時代には森友事件の他にも、公文書に関係する複数の問題が起きました。

防衛省が廃棄したと説明していた南スーダン国連平和維持活動部隊の日報が、実は保管されていたという、いわゆる自衛隊日報問題。

愛媛県の学校法人「加計《かけ》学園」の獣医学部新設に関し、愛媛県が存在しないとしていた「首相の意向文書」が後に国会に提出された、いわゆる加計事件。

森友事件と加計事件は、あわせて「モリカケ」と呼ばれ、何年も政治問題化しました。

安倍内閣の末期には、検察人事をめぐる、いわゆる「黒川騒動」で揺れました。黒川騒動でも、公文書の管理が問題にされ、大臣の答弁が崩壊していました。何が大事なことなのか、公文書管理のイロハもできていないのかと野党に追及され、当時の森まさこ法務大臣は毎日のように涙目でしどろもどろな答弁をしていました。

森友事件では自殺者も出ており、黒川騒動は言い訳不能の失態でした。こうした結果だけでも、安倍内閣の公文書管理は杜撰《ずさん》としか評価しようがありません。

ただ、公文書管理の専門家は安倍批判の左派の人たちが多いのですが、その左派の人たちが共通して言っていることが二つあります。一つは、安倍内閣の公文書管理は論外。もう一つは、日本政府の公文書管理の杜撰さは、安倍内閣の責任にだけ帰すことはできないほど根が深い。

公文書をめぐる多くの問題については、もちろん各方面から批判の声が上がりました。しかし、批判する側が正しいかというと必ずしもそうではない、ということも同時に浮き彫りになりました。

野党およびマスコミによる公文書管理に関する批判は、そのほとんどが「捨てるな」「隠すな」「見せろ」に集約されます。こうした批判は、二〇〇一年四月一日に施行された「情報公開法」に基づきます。

情報公開法は、わかりやすく言えば、政府は悪いことをするに決まっている存在だから、常に隠ぺいするということを前提として、情報公開を求めることができるという法律です。情報公開とは「見せろ」と迫ることです。その情報公開法の第一条には法律の目的が書いてあります。

国民主権の理念にのっとり、行政文書の開示を請求する権利につき定めること等により、行政機関の保有する情報の一層の公開を図り、もって政府の有するその諸活動を国民に説明する責務が全うされるようにするとともに、国民の的確な理解と批判の下にある公正で民主的な行政の推進に資することを目的とする。

のっけから「国民主権」と大上段に構え、「国民の的確な理解と批判の下にある公正で民主的な行政の推進に資する」と締めています。普通の日本語で読めば、行政と国民が敵対するのを前提としているのがわかると思います。

もちろん、行政と国民には適度な緊張関係が必要です。ややもすれば、権力を振るう行政が国民に対して横柄になるのは、腐敗です。国民に説明を求められても、「この程度でよかろう」とごまかすのは、腐敗した権力者がよくやることです。だから、本来は国民が主権者であり、官僚は奉仕者にすぎないと思い出させるために、「国民主権」「民主的」と強調するのは結構です。

では、現実の情報公開法が、国民のためになっているのか。

見逃してはいけないのは、情報公開法施行を背景にして官僚機構に新しい文化が生まれたということです。「行政機関内部で自由に記録が残せない」という文化です。

情報公開しなければならないということであれば、結局は叩かれて批判されるので、大事なことはできるだけ文字に残さないようにしょう。そういう文化が行政側にできあがりました。情報公開法の施行前は、省庁から国立公文書館に年間一万七千冊余りの公文書が移管されていたのに、施行後は六七四冊にまで激減したとか（小川千代子他編『アーカイブへのアクセス』日外選書、二〇〇八年）。

こういう文化ができあがっているのに、「捨てるな」「隠すな」「見せろ」と要求しても、「最初からありません」で終了です。「あるはずだ」と言っても、単なる押し問答にしかなりません。

言葉をもう少し正確にしましょう。「捨てるな」は、アーカイブの世界では「保存」です。「見せろ」は「公開」です。保存と公開だけ言っても、「隠すな」にはなりません。では、どうすればよいのでしょうか。

アーカイブの世界には、大事な過程が三つあります。最初は「保存」、最後が「公開」です。そして、その真ん中に最も大事な部分があります。「整理」です。

保存し、整理し、今はデジタル時代で効率化されていますが紙文化の時代においては保存場所も大変なので何を残して何を捨てるかという手間のかかる取捨選別作業を経て、最終的に捨てるものと公開するものとに分かれます。この流れが、「保存」「整理」「公開」です。行政に「隠すな」と要求するなら、「整理」の方法論を提示すればいいのです。そんなに国民主権の民主主義が大事なら、「こういうふうに整理しなさいよ」と方法論を学術的に提示し、守らせればいいのです。

この「整理」こそが、一番大事なところです。整理する方法を「アーカイブ」といいます。アーカイブが確立されていなければ、何を残して何を捨てるかという判断など、できるはずがありません。

安倍内閣の時代に限ったことではなく、情報公開に関する批判はそれ以前から、「保存しろ」「公開しろ」としか言いません。政府の側も、そうしたワンパターンの批判に対してムキになって隠します。真ん中の「整理」が抜けているから、それしかやりようがないのかもしれません。批判されている官僚の側も、「じゃあ、どうすればいいの」が本音なのでしょう。

真面目な官僚こそ、ちゃんとしたアーカイブを教えてくれれば守ります。アーカイブは、官僚自身を守る術《すべ》なのですから。

安倍内閣時代に起きた事件によって、公文書は捨てるものであり改ざんするものであるという風評が文化として定着してしまったきらいがあり、非常に不幸な状態となりました。「整理」があって初めて何を残して何を捨てるかという判断ができるはずであるという視点が、批判側にも政府側にもありません。

岩倉使節団が持ち帰った、図書館、博物館、文書館

明治四年（一八七一年）、岩倉使節団が欧米に派遣されました。使節四六名、随員一八名、留学生四二名の総勢一〇六名からなる大規模な使節団です。アメリカ合衆国とヨーロッパ諸国をめぐって一年一〇カ月後に帰国した使節団は、特命全権大使に外務卿の岩倉具視、副使に木戸孝允《たかよし》、大久保利通《としみち》、伊藤博文《ひろぶみ》、山口尚芳《ますか》といった具合に、当時の明治政府の重鎮を中心に構成されていました。歴史教科書などでは「その目的は条約改正の交渉にあったが、国力の差を目にして改正が難しいことを知り、以降は欧米各国の制度および文物の調査研究に専念した」と解説されるのが常です。

そしてアーカイブの世界では、よく「岩倉使節団は図書館と博物館は持ち帰ったが、文書館は持ち帰らなかった」と言われます。

日本最初の国立図書館は一八九七年に、帝国図書館として設立されました。起源の一つは、一八七二年設立の書籍館《しょじゃくかん》です。

博物館は一八七三年に文部省管轄として設立され、帝国博物館、東京帝室博物館などと名称を変えながら存続しました。

岩倉使節団　向かって左から木戸孝允、山口尚芳、岩倉具視、伊藤博文、大久保利通

では、文書館はどうか。実に一九五九年に開館した山口県文書館が日本で最初の文書館です。明治どころか、昭和三十四年です。総理府の附属機関として国立公文書館が開館したのは、実に昭和四十六年です。一九七一年、岩倉使節団からちょうど百年です。

図書館は日本中にあって、私たちにたいへん馴染み深い施設です。文部科学省によれば、二〇一八年の社会教育統計で日本国内の図書館数は三三六〇、博物館も一二八六あります。二〇一七年度に図書館から本を借り出した、いわゆる図書館利用者数は延べで一億七七八九人、貸し出し冊数は六億五三七九万冊だったそうです。コロナ禍で利用が制限されていて残念ですが、日本人の知的文化を支える重要な役割を担っているのは間違いありません。

一方、公文書館は市区町村立の公文書館を含めて全国に一〇〇程度です。最近では、二〇二〇年に高知県立公文書館が開館しています。国公立の公文書館としては国立公文書館をはじめ、宮内公文書館や外交史料館、東京大学や京都大学など主要国立大学の文書館、日銀金融研究所アーカイブなど一六施設があります。また、防衛研究所の戦史研究センターは、旧陸海軍の公文書が多く所蔵されていて、公文書館の機能を果たしています。ただ、内閣府の二〇一七年度の調査資料によれば、それらの利用件数は九六三三でした。

さて、本を貸し出してもらえるのが図書館です。博物館は物を扱う施設です。公文書館は文書を扱います。そして、アーカイブは物や図書も対象とします。

図書が文書になることもあります。例えば政府の誰かが出した本を会議資料として使って、文書として保存しておくといったこともあります。あるいは、パンフレットのようなものを役所が作った場合、パンフレットも図書の一つですが、それが文書として扱われることもあります。また、紙に文字が書いてあるものだけが文書ではなく、今は電子化の時代ですから必ずしも紙ではない場合もあります。

岩倉使節団に話を戻します。使節団は、ヨーロッパにおいて当時すでに設立されていた国立公文書館を訪れていないわけではありません。この過程は、小川千代子・菅真城・大西愛編著『公文書をアーカイブする』（大阪大学出版会、二〇一九年）に詳しく紹介されていますので、ご参照ください。

使節団に随行した久米邦武が著した『米欧回覧実記』には、イタリアのベニスで「アルチーフ」という施設を見学したことが書かれています。現在のヴェネチア国立文書館です。アルチーフとはアーカイブのことです。ただし、ベニス以外の場所で文書館を訪れたという記録はありません。なお、国立公文書館理事の福井仁史氏はエッセイの中で、《禽獣園（動物園）、草木園（植物園）、博物館、書館・大書庫（図書館）、蔵画館（美術館）、褒巧院（特許庁）など、次々と訳語をつくってきた久米邦武ら「回覧実記」の報告者も、ついに「アルチーフ」については原語のままで、訳語を作れませんでした》と述べ、《「アルチーフ」と図書館（「書館」・「大書庫」）との関係も整理しきれなかったようです。だいたいヴェネチア共和国自体が既に一世紀近く前に解体されていたこともあり、彼らはヴェネチアで「アルチーフ」なるものの書庫は見たけれど、それが政府の公文書を保存し国民と共有するための施設だ、という認識には至らなかったのでしょう》とも述べています（国立公文書館刊『アーカイブズ』第七〇号「巻頭エッセイ・岩倉使節団は「公文書館」を視察した…のか？」二〇一八年）。

また、『公文書問題と日本の病理』（松岡資明、平凡社、二〇一八年）は、「明治初期の遣欧使節団は欧米を視察して博物館、図書館は導入したのに、公文書館は除外した」と断言しています。これはアーカイブに関する一般的な理解ですし、事実です。

アーカイブという言葉とその意味が日本で最初に紹介されたのは、一八九一年（明治二四年）、歴史学者・廣池《ひろいけ》千九郎《ちくろう》が編んだ『中津歴史』という書物においてでした。廣池千九郎は《英語ニテ「あーかいぶ」ト称スルモノ》について取り上げ、公文書類を保存する組織が国内にないことを嘆いています（前掲書『公文書をアーカイブする』）。

岩倉使節団が「アルチーフ」を見学してから、アーカイブが紹介されるまでに二〇年かかっていることになります。普及がかなり遅いと言うことができるのですが、その間、日本は何をやっていたのかを知るためには、まず、明治維新そのものが何なのかということを考える必要があります。

アーカイブどころではなかった明治維新

一八六八年（慶応三年）に明治天皇から発せられた王政復古の大号令には《諸事　神武創業之始ニ原キ》という一文があります。明治維新の最初に、初代天皇である神武天皇の精神に戻ることだと最初に宣言しました。王政復古の大号令は、神武天皇が先例だとの宣言です。これが日本が近代化に成功した理由であり、その副作用のようにアーカイブが進展しなかった原因でもあるのです。

明治新政府は、江戸時代以前の先例を持ち込まないことによって近代化を図らなければいけない政権でした。つまり、良いものも含めて社会全体をリセットする、ということです。良い悪いを取捨選別していたら改革が進まないので、一旦は全部消すのだ、というところから始めました。

例えば、天皇の改元大権を一世一元の制の導入によって封じました。天皇一人につき一つの元号と定めたのです。明治の元号も、出された元号案をくじ引きで決めて学者に議論させない、としました。

なぜこんなことになったのか。

幕末期、一八五三年からの一五年間で五回も改元が行われていました。一刻も早く近代化して西欧列強に追い付き追い越さないと植民地にされてしまうという時に、そんなことはやっていられません。こうした応急措置で決めた一世一元の制が、今でも続いています。

新政府は、徳川幕府を倒しました。その際、新政府を建てるにあたっての人材を幕府の官僚に頼っていたら幕藩体制がそのままになってしまいます。ましてや、七〇〇年からの長い間政権から離れている公家たちの先例の世界、有職故実《ゆうそくこじつ》を新政権に持ち込まれれば、これもまた話が進みません。

維新は、改革につぐ改革でした。したがって、明治新政府にはアーカイブなどをやっている余裕がありませんでした。

そういった状況が一旦落ちつくのは、明治一八年（一八八五年）の内閣制度の創設です。それまでは、ほぼ半年に一回、火だるま行革などと揶揄《やゆ》された二〇世紀末の橋本龍太郎内閣の橋本行革どころではない、大幅な統治機構改革を行っていました。

一八七一年の廃藩置県の直後には太政官《だじょうかん》を分けて正院《せいいん》および左院《さいん》・右院《ういん》を置く行革が行われ、すぐにそれらがくっついたり離れたり浮かんだり消えたりする状態となり、一八七五年には元老院と大審院が設置されて左院・右院ともに廃止されました。廃藩置県にともなう府県統合では、四国が三年間の間に、五県になったり、三県になったり。スクラップアンドビルドが激しい時代です。

徳川幕府が一八六七年に潰れて内閣政府ができるまでのおよそ一八年間は、いろいろなことがあまりにも劇的に、あまりにもすぐに変わります。アーカイブが担当すべき過去資料に、ほぼ意味がない時期でした。実務として過去資料の整理を行ったところで意味はなく、それ以前の過去資料を持ってこられても、それで新しいことができなくなっては困ります。

ちなみに、あるオーナー企業の社長は「朝令朝改」をモットーとしています。話がコロコロ変わるので、一週間前の資料など何の参考にもならない職場です。もちろん、その職場は全く上手くいっていませんが。そのオーナーさんも商売で成功していた時は、記録をきちんと管理していました。

松方正義

明治政府の場合は、西洋の圧力に対抗する国づくりの為、否応なく試行錯誤のスクラップアンドビルドを繰り返す羽目になりました。アーカイブをきちんとしよう、と言えるのは少し落ち着いてからで、それが明治十八年でした。

大蔵省では明治一八年に、初代大臣の松方正義《まつかたまさよし》の手によって「文書規則」が定められました。財務省には今でも図書館と文書室の両方があります。大蔵省と日本の国家財政を編纂した『昭和財政史資料』を刊行してきました。なお、高名な歴史学者の秦《はた》郁彦氏は、大蔵省財政史室の出身です。ただ、大蔵省のようにアーカイブをきちんとやっている役所もありましたが、国全体としてアーカイブに神経を使うという状態ではありませんでした。大蔵省は現在に至るまで文書管理がしっかりしている役所です。では、その技術が政府全体で共有されているかというと、かなり疑問です。

日露戦争の勝利とアーカイブ

国全体としてのアーカイブの実現は、実は日露戦争勝利直後の明治四〇年（一九〇七年）に試みられたことがあります。「公式令《こうしきれい》」という、公文書の形式・様式・基準を定めた勅令です。古代の律令では同じ字で「くしきりょう」と呼ばれていました。元老筆頭の伊藤博文は、「こうしきれい」をまとめました。それまでの明治十九年制定の「公文式」という文書規則を改め、西園寺公望《さいおんじきんもち》内閣の手によって一月三十一日付で勅令として発せられました。あらゆる法令には内閣総理大臣の署名が必要となります。つまり、首相が国務に関するあらゆる文書の閲覧権限を持つことになります。

伊藤博文

これに、陸軍を代表する山縣有朋《やまがたありとも》が待ったをかけました。山縣は軍事機密に関しては総理大臣も含めた他の大臣に見せなくてよいとし、海軍を巻き込んで、「軍令ニ関スル件」を制定します。軍令第一号によって軍令の様式を定めるという強引な手法でした。伊藤は猛反発し直接会談でやりあいますが、山縣の「軍事機密を素人の政党出身大臣に漏らしてよいのか」との主張には反論できません。

結果、陸海軍大臣は首相を含めた他の国務大臣に知らせることなく、統帥事項に関して推進することができるようになりました。もちろん、首相や他の閣僚の

山縣有朋

協力無くしてできることには限界があるのですが、「統帥権の独立」を確保することには成功しました。明治政府は政治が軍事を指導して日清日露戦争を勝ち抜きましたが、昭和時代は軍事が政治の言うことを聞かずに暴走し、あまつさえ軍人が政治を指図するようになりました。さらに言うと、陸軍大臣と海軍大臣は、お互いに秘密を隠しあいます。軍事が政治と分離するだけでなく、陸軍と海軍も分裂しました。敗戦に至る昭和の悲劇は、日本人なら誰でもご存じでしょう。

その端緒が、「軍令ニ関スル件」です。この文書は、国立公文書館所蔵『公文類聚　第三十一編　明治四十年　第一巻　政綱・皇室典範～行政区』に所収されています。

日露戦争後に伊藤博文と山縣有朋の対立が深刻化したのですが、このように文書管理の方法を巡っても深刻な対立がありました。

そうした事情の中で、国家としてのアーカイブが作られることはありませんでした。確かに大蔵省などは文書管理を行っていましたが、それは大蔵省という一組織でやっていただけです。日本国、日本政府全体の組織知は生まれませんでした。個人技やセクショナリズムはあっても、アーカイブが国家全体の組織知にはなりませんでした。

日露戦争までは、元老や政府と軍の高官は、重要な外交文書は共有し、当然ながら国家の方向性に関する大事な問題は共有していました。たとえば、「三国干渉の黒幕は実はロシアではなくドイツなのだけど、世間には黙っておこう」などです。この過程は今では外交史料館の『三国干渉一件』という簿冊《ぼさつ》にまとめられており、当時の指導者がどのように考え行動したのかが手に取るようにわかります。簿冊とはファイルのことです。

明治維新は世界史の奇跡と言われていますが、やはり一〇〇点満点ではありえません。アーカイブは明治維新の影の部分です。内閣制度を作る、あるいは日露戦争に勝つといった目標を優先し、落ちついた時にやろうとして、結局できずに終わりました。

現実的に立ち上げの時期は、文書管理が後回しになるのは致し方ないでしょう。例えばベンチャー企業であれば、アーカイブなどやっている暇はないでしょう。文書管理専門の人員など置けないからこそのベンチャーである、と言うこともできます。

明治維新は巨大なベンチャー起業でした。しかも、神武創業の精神に戻るという、過去のアーカイブを利用してはならない原理的理由がありました。そこには、日本がアーカイブ後進国である、そもそもの所以《ゆえん》があります。むしろ、いち早く文書管理の重要性に気づいた松方正義の慧眼《けいがん》を、称えるべきでしょう。そして、日露戦後に国家における文書管理の一元化が失敗した反省こそ、必要かもしれません。

国立公文書館の開館は一九七一年です。岩倉使節団から一〇〇年が経っています。一九七一年まで何をやっていたのでしょうか。アーカイブの重要性自体が個々の官僚の実務に取り込まれてきたという側面があります。それぞれが実務でやっているのだから、別にアーカイブの重要性など考えなくてよい、

国立公文書館

ということです。

今は知りませんが、昔の大蔵省や外務省において新人官僚は、入省一年目の最初にファイルの整理の仕方から指導されたと聞きます。実務に長けた先輩に当たれば、新人官僚は優れた文書術を個人的に覚えるでしょう。いわば「体で覚えろ」でしょうか。しかしそれでは組織知になりません。

日本はアーカイブ後進国なのです。

「ぶんしょ」と「もんじょ」の重要性!!

従来それぞれの官庁で保管されてきた各官庁の公文書を保存・公開するために一九七一年、国立公文書館が開館しました。国立公文書館法に基づいて二〇〇一年に独立行政法人化しましたが、現在、ゆくゆくは国の機関に戻す方針の中にあります。

さて、この国立公文書館の「公文書館」を皆さんはどのように読むでしょうか。「こうぶんしょかん」でしょうか、「こうもんじょかん」でしょうか。どちらとも読めるのですが、読み方が違う限りは、違う存在です。ここでは、「ぶんしょ」と「もんじょ」の違いを、徹底的に理解していきましょう。

二〇〇九年から一三年の間、国立公文書館館長を務めた慶應義塾大学名誉教授の高山正也氏は次のように述べています。

「こうぶんしょかん」なのか「こうもんじょかん」なのかという、「ぶんしょかん」なのか「もんじょかん」なのか、という大きな問題がどうやらあるようでありますが、我々は一応、「こうぶんしょかん」というふうに呼び習わしております

『時を貫く記録の保存—日本の公文書館と公文書管理法』

（全国歴史資料保存利用機関連絡協議会近畿部会編、岩田書院、二〇一一年）

日本国の法律用語では、文書は「ぶんしょ」です。国立公文書館法で定まっているので「こうぶんしょかん」と呼ぶということになっているだけのことです。高山館長はお立場上、実態として我々の施設は公文書館（こうぶんしょかん）ではない、と言うわけにはいかな

いので、「一応」という言葉を使われていると推察されます。

相当お答えにくかったと思います。なぜ答えにくいかというと、国立公文書館は公文書館（こうぶんしょかん）たることを目指しているからです。しかし、本来は「こうぶんしょかん」であるはずが、実際は「こうもんじょかん」であるのが、実態です。

この意味がわからない人も少なくないと思いますので、定義を確認します。

ぶんしょ＝現用資料のこと。現用の効力がある。
もんじょ＝歴史史料のこと。現用文書（ぶんしょ）ではない。

「ぶんしょ」と「もんじょ」の違いは、効力です。「ぶんしょ」は現用資料のことで効力があります。「もんじょ」は歴史史料のことで、効力がありません。「ぶんしょ」の効力が無くなると、「もんじょ」になります。なお、「もんじょ」を「ぶんしょ」として使うこともできます。

では、区別しないでまとめて呼ぶ場合はどうでしょうか。「ぶんしょ」は、「もんじょ」と「ぶんしょ」の包括概念として、つまり「ぶんしょ＝ぶんしょ（現用）＋もんじょ」として用いられることもあります。現用の文書（ぶんしょ）だけを指す場合も、歴史的な文書（もんじょ）を合わせた場合も、「ぶんしょ」と呼び習わすのが今の慣例です。

改めて確認です。

ぶんしょ（包括概念）＝ぶんしょ（現用資料）＋もんじょ（歴史史料）

「ぶんしょ」には二つの意味があるので、ややこしいのですが…。慣用表現なので文句を言っても仕方ありません。

ここで、「資料」ならびに「史料」という言葉が出てきました。両方とも「しりょう」と読みます。私などは、両者の違いをわかりやすくするために、「資料」を「すけりょう」、「史料」を「ふみりょう」と読みます。もっともたいていの歴史学者は区別せずに「しりょう」と呼んでいるうちに、本当に両者の概念の違いが判らなくなっている人もいるので、大丈夫かなと心配になりますが。

現用の効力がある「ぶんしょ」が「資料（すけりょう）」、現用の効力がない「もんじょ」が「史料（ふみりょう）」です。その包括概念として「史資料」という言葉があります。「しりょう」と読みます。

資料と史料は同じく「しりょう」と読みますが、字が異なります。しかし、「ぶんしょ」と「もんじょ」は「文書」であって字が一緒です。「史料（ふみりょう）」と「資料（すけりょう）」は違いが見た目でわかりますが、「ぶんしょ」と「もんじょ」の場合は「文書」と書くので見た目ではわかりません。そして、「文書」の読み方はどちらかわからない場合は、「ぶんしょ」と読めば間違いではありません。

以上が、アーカイブの大前提であり、初歩の初歩です。実はこれを知っているだけで文書術は操れます。知らなければひたすら混乱するだけとなります。

ただ、文書を扱うプロのはずの人が、「江戸時代の歴史資料」との表現を大々的に使っているのを見ると、本当にこの人はプロなんだろうかと疑いたくなることもありますが。ちゃんとした歴史学者は、「ぶんしょ」と「もんじょ」「すけりょう」と「ふみりょう」の区別には厳密です。

いつ「ぶんしょ」は「もんじょ」となるのか

慣例では、「文書（ぶんしょ）」と「文書（もんじょ）」を合わせて「文書（ぶんしょ）」とします。国立公文書館の「文書」はどちらの意味の文書なのかといえば、「ぶんしょ」と「もんじょ」をあわせた、慣例となっている包括概念の方の「文書」です。

ただし、これは建前です。

外国で歴史学を学んでいて日本語がわかる人、例えばイギリス史の専門家で大英図書館や女王陛下の記録資料保管オフィス（Her Majesty's Stationery Office）に入り浸っているというような人は、日本の国立公文書館については「え、『こくりつこうもんじょかん』って読むんじゃないの？」と驚きます。フランス史やドイツ史の専門家にも驚かれました。私の体験談であり、こういう人が本当に何人もいます。

なぜかというと、国立公文書館には「もんじょ」しかないからです。現用文書を扱っている他の文書館が置き場に困ったものを国立公文書館に持っていく、といったようなことが行われてきました。ひどい場合は、「ゴミ捨て場」とまで呼ばれていました。昔は、本当に大事なものは国立公文書館には送りませんでした。

二〇二〇年、東京高検の黒川弘務検事長の定年延長が問題視された出来事がありました。黒川騒動です。その際の国会審議で、「コニタン」の愛称で知られる小西洋之《ひろゆき》参議院議員が国立公文書館で見つけてきた、総理府人事局が「検察官の勤務延長は除外される」と明記していた一九八〇年当時の内閣法制局による「想定問答集」、つまり文書（もんじょ）が使われたことがあります。国立公文書館の史料が資料として使われた事例です。

このように、今では意味も価値もある文書が国立公文書館には入ってくるようになっていますが、昔は「勲章を誰に授与したのか」といったような公開情報で十分に知ることができるもの、しかも意思決定の過程がなく結果だけの一覧表だけある、といった状態でした。間違っても、「誰に勲章をあげ、誰に上げないか」などの会議録が国立公文書館に移管されるなどということはありません。

歴史研究でも少なからずの大家から、「憲政資料室や外交史料館、防衛研究所には通い詰めるが、国立公文書館に行っても論文に使えるような面白い史料は無い」とすら言われていました。

それでも、特に戦前の史料に関しては、探せば面白いものがかなりあります。歴代総理大臣の辞表なども入っています。もっとも、どのファイル群のどの簿冊に入っているか知っている人だけが見つけ出せる、という状態で、あまり使い勝手のいいものではありませんでしたが。今でもそうですが、国立公文書館の目録を使いこなせる人が何人いるのか…。

歴史研究者になる基本は、史料館の目録を頭に叩き込むことです。どこにどんな史料があるのかを知っていることが、歴史学者ですから。

ただ、どこの史料館も土日祝日は休みです。平日の昼間に都心の史料館に通える人がどれくらいいるのか。文書館（もんじょかん）が図書館や博物館と比べて普及しないのは、当然と言えましょう。

明るい兆しもありました。二〇〇一年、国立公文書館の一組織としてアジア歴史資料センター（略してアジ歴）が開設され、現在では国立公文書館の史資料の多くがインターネットで二四時間三六五日、世界中どこからでも検索・閲覧できるようになっています。国立公文書館の史資料はマイクロフィルムなのですが、キーワードによる横断検索も可能です。他にも外交史料館や防衛研究所などの史料も、同じようにインターネットで閲覧できます。

ちなみに、アジ歴は、私のかつての職場でもあります。

もっとも、目録の分かりにくさは何ともしがたいので、熟練になるまで使いこなさないと、不便極まりないですが。

話を本題に戻しましょう。

現用の効力がある場合は「ぶんしょ」「資料」で、無い場合は「ぶんしょ」「史料」です。その証拠に、古文書は「こぶんしょ」ではなく、「こもんじょ」と読みます。古文書を絶対に「こぶんしょ」と読まないのは現用ではなくなっているからです。必ず「こもんじょ」と読みます。では、文書はどの段階で現用でなくなるのでしょうか。実は、その疑問自体が、学問としてのアーカイブの対象です。

陸軍省の公文書は、この点に関しては、わかりやすく作成されています。何月何日に起案され、何日にどの役所へ行き、何日に決裁が下り、何日に該当文書が保存の段階に移ったのか、すべて日付けが書いてあります。意思決定の過程が、わかりやすく記録されています。判子を押す欄がありますから、その案件に誰が賛成したのかも歴然です。

どの段階で、その文書が公文書となったのか、そして現用ではなくなったのか、それ自体がアーカイブの対象です。そうした議論にイデオロギーはありません。

アーカイブは様式にのみ拘る学問であり、書かれてある中身に関して議論するのが歴史学の領域です。アーカイブは中身の評価には立ち入りませんが、アーカイブの議論ができない歴史学などありえません。

公文書は権力を発生させる

現用とは、文字通り「現在も効力が存在する」との意味です。そして現用の公文書には、拘束力が伴います。

ここまで、何度か「公文書には権力を伴う」という、お話をしました。公文書で現用とは拘束力を伴い、現用ではなくなると効力が無くなります。その文書の意思決定に従わなくてはならないということは、従わせる誰かがいます。権力を執行する人がいます。

公文書での決定には、全員が従わなくてはいけません。如何なる権力者も拘束されます。

人を拘束しない公文書など、紙切れにすぎません。権力を伴い、その権力者自身も拘束するから、公文書なのです。

では、執行する人は誰なのか、執行者にはどこまでの権限が認められるのか、それもまた公文書で決められます。これが、公文書は「意思決定に関わる」の意味です。

公文書には権力が発生します。法学の初歩ですが、権力には、何をやってもいいのかという授権規範と、どこまでしかやってはいけないのかの制限規範の二つの規範を伴います。

一例として、日満議定書をあげておきましょう。短い条約なので、全文をあげます。大日本帝国が満洲国と結んだ条約です。

議定書
日本國ハ滿洲國ガ其ノ住民ノ意思ニ基キテ自由ニ成立シ獨立ノ一國家ヲ成スニ至リタル事實ヲ確認シタルニ因リ
滿洲國ハ中華民國ノ有スル國際約定ハ滿洲國ニ適用シ得ベキ限リ之ヲ尊重スベキコトヲ宣言セルニ因リ

日本國政府及滿洲國政府ハ日滿兩國間ノ善隣ノ關係ヲ永遠ニ鞏固ニシ互ニ其ノ領土權ヲ尊重シ東洋ノ平和ヲ確保センガ爲左ノ如ク協定セリ

一　滿洲國ハ將來日滿兩國間ニ別段ノ約定ヲ締結セザル限リ滿洲國領域內ニ於テ日本國又ハ日本國臣民ガ從來ノ日支間ノ條約協定其ノ他ノ取極及公私ノ契約ニ依リ有スル一切ノ權利利益ヲ確認尊重スベシ

二　日本國及滿洲國ハ締約國ノ一方ノ領土及治安ニ對スル一切ノ脅威ハ同時ニ締約國ノ他方ノ安寧及存立ニ對スル脅威タルノ事實ヲ確認シ兩國共同シテ國家ノ防衞ニ當ルベキコトヲ約ス之ガ爲所要ノ日本國軍ハ滿洲國內ニ駐屯スルモノトス

本議定書ハ署名ノ日ヨリ效力ヲ生ズベシ

本議定書ハ日本文及漢文ヲ以テ各二通ヲ作成ス日本文本文ト漢文本文トノ間ニ解釋ヲ異ニスルトキハ日本文本文ニ據ルモノトス

右證據トシテ下名ハ各本國政府ヨリ正當ノ委任ヲ受ケ本議定書ニ署名調印セリ

昭和七年九月十五日卽チ大同元年九月十五日新京ニ於テ之ヲ作成ス

日本國特命全權大使　武藤信義（印）

滿洲國國務總理　鄭孝胥（印）

内容は簡単で、第一条は「中華民国が日本に対して守るべきだった条約を守れ」」、第二条は「日本と満洲国はどちらかが攻撃された場合は、もう一方も攻撃されたつもりになることを確認し、その為に日本の軍隊は満洲国に駐屯する」という内容です。なんだか、今の日米安保条約のアメリカと日本の関係のようですが、まったく同じものです。苦笑するしかないですが。

それはさておき、授権規範と制限規範の話です。

第一条は満洲国の義務を定めます。満洲国を建国したのは、日本の関東軍です。満洲は清朝を倒して成立した中華民国の領土のはずでしたが、民国政府には当事者能力が無く、満洲の地は無法地帯と化していました。満洲にいた日本人の権利が侵害されます。そこで現地の関東軍が武力で中華民国の軍閥である張学良《ちょうがくりょう》を追い出して、清朝最後の皇帝である溥儀《ふぎ》を連れてきて、満洲国を作らせました。そして日満議定書第一条で「中華民国が守るべきだった日本人の権利、たとえば商売をする権利を政府が邪魔してはならないとか、通学途中の子供に石を投げて殺そうとした犯人を警察は逮捕しろとか、すべての条約を守れ」と要求して、義務化した訳です。この関東軍の行動を日本政府が追認しました。事実として、満洲国は日本の傀儡国家です。

ただし、事実には二つあります。一つは、物理的な事実。もう一つは、文書によって示された事実です。よく「条約など紙切れではないか」と言う人がいますが、いついかなる時もそれが正しいわけではありません。条約も法律も、それを守らせる力がある限り、現実の力を持ちます。事実、大日本帝国と満洲国が続く限り、この条約は守られたので効力を持ちました。

第二条で、大日本帝国の規範を定めています。つまり、日本は満洲国に軍隊を置く権利を授けられているけれども、満洲国を守る目的に制限されています。そして「所要ノ兵力」がどれくらいなのかをはじめ、この条約に書かれていない必要なことは、改めて別の条約を定めなければならないようになっています。

授権規範と制限規範が発生するということは、権力には意志があるということを率直に示しています。権力の意思が形成されるまでの意図や主旨といった途中経過も残してほしいとするのが、アーカイブの考え方です。

歴史研究では、たとえば日満議定書に現れた日本と満洲国の意思を、文書によって研究します。歴史学は史料に基づいて事実を明らかにする学問ですが、その前提が文書学《もんじょ》です。文書学はアーカイブの一種です。文書学は残された文書の内容にも踏み込みますので、整理の方法論だけに特化しているアーカイブとかぶる部分も多々あるのですが完全に同じではありません。

ただ文書学（の中のアーカイブの部分）がしっかりしていないと、まともな歴史研究はできません。歴史研究ができないとは、その決定の検証ができないということでもあります。

さて、アーカイブにおいては最後の結論だけを残せばいいという考え方は、日本でのみ主流です。たとえば、かがみ文の件名に「『朝鮮半島におけるユダヤ人の陰謀』と称する冊子流布の件」とあるのに、肝心の冊子が残されていないなどということがあったとします。当時の人がそんな冊子は残す価値がないと判断し、そういう題名の冊子が流布していた事実だけ残していればよいと判断したとしましょう。でも、そんな判断をされたら、後世の人がどんな冊子だったかを読むことができません。添付物が無ければ何のことかわかりません。

結論だけ残ればいいは、間違いなのです。アーカイブにおいては、原則として、過程を残さねばならないのです。

アーカイブは官僚バッシングの道具ではない

アーカイブ先進国のアメリカでは、大統領ごとに「図書館」と称する文書館が作られます。たとえば「バラク・オバマ大統領センター」「ジョージ・W・ブッシュ大統領図書館」「ウィリアム・J・クリントン大統領図書館」「ジョージ・ブッシュ大統領図書館」「ロナルド・レーガン大統領図書館」「ジミー・カーター大統領図書館」といったように。名前は「図書館」とついていますが、実態は文書館（もんじょかん）です。

その大統領の執務記録を保存・整理・公開しています。

第二十八代ウッドロー・ウィルソン大統領以降、第二十九代ウォーレン・ハーディング以外の、すべての大統領には、何らかの形で文書館（もんじょかん）があります。

この場合の文書（もんじょ）は紙とは限らず、音声テープも文書です。保存・整理・公開された後ならば、当時の大統領の電話の肉声を聞くことができます。

日本でも政治家の個人文書を収集し、保存・整理・公開している国立国会図書館憲政資料室には、多くの政治家の肉声テープが残っています。モノによっては、書き起こしもあります。主にインタビュー記録ですが、将来は実際の電話テープも収納されるかもしれません。そうした保存技術もまた、アーカイブの対象です。

アーカイブの隣接分野、ほぼ双子の兄弟のような関係にある、レコードマネージメントの分野では、文書（ぶんしょ）のことを「証拠」と呼びます。

つまり、意思決定においてこのような過程があった、との証拠です。結果的に失敗したことにおいても、だれそれはこういう意図であったという証拠にもなります。こいつがこんなことを言っていたからこんな目にあったという証拠にもなるし、この人がこんなに立

松岡洋右

派なことを言ったから素晴らしい結果となったという証拠にもなります。一つの事実をどのように評価するかは、後世の歴史研究に委ねられます。

アーカイブ自体に価値判断はなく、良いか悪いかの評価を後世の人がするための証拠を残す技術がアーカイブです。ところが、評価する材料としての証拠が残されていません。

専門家会議の有識者も、「お前の文書なんか記録に残せるか！」などと言われてしまう下っ端官僚も、記録が残っていれば、後世の歴史家によって「この人がこの時点でこんなに優れたことを言っていた」という評価がなされる可能性もあります。今回のコロナ禍に限らず、一事が万事この調子です。

いかに記録が重要か。有名な例を挙げます。

松岡洋右《ようすけ》は一九三三年の国際連盟脱退の際の全権代表で、教科書などでは「堂々と脱退演説」などと見出しがついて語られる人です。しかし、松岡自身は国際連盟の脱退に反対であり、当時の内田康哉《やすや》外相とのやりとりが外交史料として大量に残っています。もし残っていなかったら、どうなったでしょう。今ですら松岡は「国際連盟脱退をやった人」のように語られるのですから、記録が無ければ松岡の真意は永遠に闇に葬り去られたでしょう。アーカイブは、官僚バッシングの道具ではなく、むしろ真面目に仕事をする人を守る技術なのです。

戦前の外務省は記録に熱心な官庁だったので、救われました。

アーカイブとレコードマネージメント

ここでレコードマネージメントについて、お話ししておきましょう。

現用の段階から、「どのように保存するか」を意識して扱うことで仕事をしやすくする、という考え方の技術が、レコードマネージメントです。手頃な入門書として、エリザベス・シェパード、ジェフリー・ヨー共著『レコード・マネジメント・ハンドブック　記録管理・アーカイブズ管理のための』（森本祥子他編・訳、日外アソシエーツ、二〇一六年）をご紹介しておきます。

最近では、レコードマネージメントをアーカイブから分離する考え方もあります。しかし、アーカイブとレコードマネージメントのどちらかだけができてもう一方はできないということは根本的にありえません。

したがって、アーカイブとレコードマネージメント、ともに文書管理ということで一本化して考えていただいて結構です。アーカイブが史料を対象とし、レコードマネージメントが資料を対象とします。ここでの文書管理とは、史資料管理です。

レコードマネージメントとアーカイブの違いは、現在と過去にあります。現在進行形で文書を使っている人達の、その使い方の技術がレコードマネージメントです。現用から離れた過去形のモノを整理することがアーカイブです。レコードマネージメントが資料管理、アーカイブが史料管理です。

したがって、レコードマネージメントは、何をどのように保存すべきかという視点に立つアーカイブのことを常に考えながら行われる必要があります。逆に、レコードマネージメントの実務を知らない人がアーカイブの作業をできるはずがありません。

だから、アーカイブとレコードマネージメントは一体なのです。

世界最古の憲法、マグナ・カルタは過去の遺物か？

ここまで、「ぶんしょ」と「もんじょ」、「資料」と「史料」、「レコードマネージメント」と「アーカイブ」の違いをお話ししました。いずれも、「現用か非現用か」によって分けられます。では、どの段階で現用でなくなったか。学問的に難しい重大な問題です。一言でまとめられる基準はないので、いくつか事例を見ていきましょう。

明らかに「もんじょ」のはずなのに「ぶんしょ」として使われている最も有名な例がマグナ・カルタです。イギリス人は一二一五年に作られたマグナ・カルタを「世界最古の憲法」と誇ります。

現在のイギリスで、マグナ・カルタに基づいて裁判が行われることはありませんし、統治の規範でもありません。「国王は勝手に国民を死刑にしてはいけない」などは別の法律で対応できるので、マグナ・カルタが使われることはありません。実態とはかけ離れた、「国

マグナ・カルタの認証付写本（1215年）

王は勝手に所領を取り上げてはならない」といった部分もあります。でも、イギリス人はマグナ・カルタを「歴史的文書（ぶんしょ）」と呼んで、今でもイギリス憲法の一部を構成すると考えています。同じように、「一六二八年権利請願」「一六八九年権利章典」も歴史的文書です。

マグナ・カルタは法令です。王様と貴族がこういう契約をしたという官報みたいなものですが、当時は写（うつし）を関係者に広めていきました。江戸時代の、立て札で広めた御触書《おふれがき》のようなものです。マグナ・カルタの原本は残っていませんが、写（うつし）の実物が残っており、現用文書として扱われています。

イギリス人には興味深い考え方があります。

不要になったものを、未来永劫、なぜこれが必要とされていたのかという歴史を忘れないために、あえて残すということをします。法令から削除してしまうと皆が忘れてしまう、という考え方をしているわけですが、イギリス人は保守的であると言われますが、実は未来志向の考え方が理由なのです。

アメリカ独立宣言を「ぶんしょ」と見做す保守か「もんじょ」と片づけるリベラルか

次に、そんなイギリスから独立したアメリカ合衆国の話をしましょう。アメリカ合衆国は一七七六年に独立宣言を発して建国されるわけですが、その独立宣言の原本はアメリカ国立公文書館（NARA《ナラ》、National Archives and Records Administration）の最も目立つ場所に掲げられています。「我がアメリカ合衆国は、この文書から始まった」ということです。アメリカ独立宣言は、イギリスのマグナ・カルタと同じく、それを根拠に裁判が行われることもないし、統治の規範でもありません。では、アメリカ人はどう考えているか。

アメリカは今、分断国家としての問題を抱えていると言われます。ドナルド・トランプ前大統領の政策のせいで、保守勢力とリベラル勢力とに分断したというわけです。アメリカは価値観が多様な国であって分断などトランプが始めたわけでもないと思いますが、とにもかくにも分断は独立宣言への考え方にも表れます。アメリカの保守派は独立宣言を「ぶんしょ」だと考えます。逆にリベラルは単なる「もんじょ」だと考えます。

保守派は、独立宣言は「ぶんしょ」であって、イギリスがマグナ・カルタを大事にするように同じく大事にしようと考えます。理屈に合わないし、不合理かもしれないけど、歴史を大事にしようとするのが保守です。逆に、そのような、もはや使いもしない非合理なものはやめてしまえと考えるのがリベラル系の勢力で、ドライな合理主義に立ちます。だからリベラル派にとっては、独立宣言は「もんじょ」です。

アメリカの国立公文書館

そもそも、アメリカの法律はマグナ・カルタまで遡ります。法の源のことを法源（ほうげん）と言います。裁判官が裁判を行うときの基準です。アメリカの裁判において判例がアメリカにない場合には、本国としてのイギリスの判例を持ち出します。イギリス本国に法源を求める人が保守です。歴史を大事にします。一方で、イギリスから独立した一七七六年七月四日からのアメリカだけを見ようというのがリベラルです。過去の歴史を断ち切るという発想です。アメリカ合衆国は、世界中の衆人環視のもとに建国記念日を言うことができる国であり、その日に建国されたということが証明できる国である、と言われます。それを重要とするのがリベラリストです。

何をもって「保守」「リベラル」とするのか、議論は尽きません。ただ、アメリカの場合に限れば、独立宣言を「ぶんしょ」と看做《みな》すのが保守、「もんじょ」と片付けるのがリベラル、とするのも一つの見方ではないでしょうか。

アーカイブの知識なしにフランス近代史は語れない

同じ共和国のフランスの例も、見ましょう。

フランスは、「現用の文書が死んではまた生き返る」を繰り返している国です。革命によって憲法が変わり、一九五八年までに一三回も憲法が変わっています。今の憲法は「第五共和政憲法」です。一七八九年のフランス革命でルイ一六世の治世が潰されてから今の第五共和政までの政治体制の推移は次の通りです。

第一共和政　ロベスピエール政府　一七九二～一七九四年
第一共和政　テルミドール派総裁政府　一七九四～一七九五年
第一共和政　ポール・バラス政権　一七九五～一七九九年
第一共和政　ナポレオン・ボナパルト執政政府　一七九九～一八〇四年
第一帝政　ナポレオン一世　一八〇四～一八一四年
復古王政　ルイ一八世→シャルル十世　一八一四～一八三〇年
七月王政　オルレアン家ルイ・フィリップ　一八三〇～一八四八年
第二共和政　ラマルティーヌ臨時政府→ルイ＝ナポレオン大統領　一八四八～一八五二年
第二帝政　ナポレオン三世　一八五二～一八七〇年
第三共和政　八七個の内閣が成立　一八七〇～一九四〇年
ヴィシー政府　ナチスドイツ占領下のフィリップ・ペタン政権　一九四〇～一九四四年
臨時政府　北アフリカのアルジェに成立し、パリ解放とともにパリに移転　一九四四

～一九四六年
第四共和政　臨時政府作成による憲法で成立　一九四六～一九五八年
第五共和政　シャルル・ド・ゴールを大統領として第五共和政に移行　一九五八年～

とてつもなく、めまぐるしく動いています。

たとえば、です。王政の時代に権利を認められていたAさんの土地が、革命のドサクサでBさんに奪われ共和政府下の裁判所がそれを認めた。ところがクーデターが起きたドサクサにCさんが奪い、それを帝政下の裁判所が認める。そして王政復古で以下同文。同じ一つの土地に、三人の権利者がいて、三人とも裁判所に公文書で認められた権利を持っている。では、どれが有効なのか。そして、どの政府の文書がどの時点まで効力があったのか。現用でなくなるのはどの時点なのか、という歴史を繰り返してきました。

アーカイブの観点から見るとフランス近代史は、文書が死んだり生き返ったり、ゾンビのように効力の復活が繰り返されてきた歴史なのです。

こんな複雑な問題、アーカイブの知識なしでは現用とは何かといった深い議論はできません。

分かりやすい例が、ナチス占領下の扱いです。ナチスドイツは一九四〇年に第三共和政にあったフランスを踏み潰し、占領しました。しかしフランスは武力で国を奪い返し、第四共和政に変わった時、フランスはナチスの憲法によって整備された法令をすべて無効にしています。この瞬間、ナチスの定めた法令は現用ではなくなります。

逆に難しい例です。一八一四年に王政が復古した際、フランス人権宣言はどうなったのか、宣言の法的効力はどうなったのか。歴史家にとって悩ましい議論もそこにはあります。

現在、フランス人権宣言はもちろん存在しています。フランス人権宣言によって裁判が行われることもなければ、統治の規範でもありません。フランス人権宣言が現在、「ぶんしょ」なのか「もんじょ」なのか。アメリカの例に倣えば、人権宣言を「ぶんしょ」と呼ぶ人が保守派なのでしょう。ただ、本来のフランスの保守派は王党派ですから、複雑です。

人間と市民の権利の宣言（フランス人権宣言）（1789 年）

十七条憲法を日本人にとっての「ぶんしょ」か「もんじょ」かを考える深い意味

さて、我が日本です。

我が国には、天皇が永遠に統治する国であると定めた神武天皇の「天壌無窮《てんじょうむきゅう》の御神勅《ごしんちょく》」を伝説とすれば、史実として間違いなく確認できる憲法は「十七条憲法」です。マグナ・カルタも独立宣言も人権宣言も憲法という名前はついていないけれども憲法なのですが、日本には十七条憲法という、憲法の文字を冠した法令があります。

十七条憲法の存在は『日本書紀』で確認できるだけで、原本も写もありません。これを理由に、後世の創作説があります。十七条憲法は、『日本書紀』の編纂にあたった人たちによる後世の作だという説です。ずいぶんと乱暴な議論で、聖書やコーランの原本がないから偽物だと言い張るようなものです。外交でこんなことを言えば、殺されかねませんが。

何より、十七条憲法が存在したという史実を、日本国は受け継いでいます。単なる歴史的事実ではなく、条文に書かれた内容は、国のかたちを示しています。

十七条憲法の第一条には、「和を以て貴しとなし」とあります。「和」とは日本のことです。これは、国のかたちの宣言です。聖徳太子のこの憲法以前も以後も、事実として日本は和の国です。例えば十七条憲法を改正するとして、「これからはグローバル化で競争の時代だから」などといった理由から「和を以て貴しとなしてはならない」と書いたとしても、日本が和の国であることは否定のしようがありません。十七条憲法の第一条は不文憲法の確認であり成典化だったのです。

もちろん、マグナ・カルタやアメリカ独立宣言、人権宣言がそうであるように、いかなる意味でも近代憲法の内容ではありません。日本政府は、公式には憲法の一部とは認めていません。たとえば第七条に「役人は早く出勤して遅く帰れ」などと書かれていますが、もちろん現用の効力はありません。

しかし、イギリスがマグナ・カルタを「ぶんしょ」とするのであれば、日本が十七条憲法を「ぶんしょ」としても、構わないでしょう。

以上、英米仏そして我が日本と四つの国の事例を見てきました。何をもって「ぶんしょ」が「もんじょ」になるのか。意思です。マグナ・カルタが「ぶんしょ」なのはイギリス人の意思、十七条憲法が「もんじょ」なのは日本人の意思です。客観的な基準はなく、事例を集めて何らかの法則性を見つけるしかありません。

こうした法則性のようなものを見つける上で認識しておきたいのですが、日本ではアメリカのリベラル派に近い思考の人が主流です。また、フランス革命にシンパシーを持っている人が多数派です。

十七条憲法を「ぶんしょ」と認めるどころか、歴史の断絶を強調する八月革命説が主流です。八月革命説とは、一九四五年八月のポツダム宣言受諾によって主権の所在が天皇から国民に移行するという革命が起こったとする説です。この説に立てば、昭和二〇年八月一五日が建国記念日です。

その中身には立ち至りませんが、アーカイブの観点から一言だけ聞いてみたいことがあります。

ポツダム宣言を我々はどう総括するのか

ポツダム宣言は「ぶんしょ」ですか「もんじょ」ですか、と。日本国憲法は現用の効力がある「ぶんしょ」です。どんなに日本国憲法が嫌いな改憲派でも認める、議論の余地がない事実です。では、その日本国憲法の基となったポツダム宣言は、どうなのか。

もちろん、現在の日本国でポツダム宣言は何の効力もありません。しかし、現用の効力がないからと、それだけで「もんじょ」になる訳ではないのは、マグナ・カルタの例もあります。八月革命による建国を誇る立場ならば、ポツダム宣言をマグナ・カルタやアメリカ独立宣言のように、歴史的文書と扱うべきではないでしょうか。こういう議論がないところに、リベラルの貧困を感じます。アーカイブ、文書管理に関しては保守の人たちよりリベラルの人たちの方が理解は深いと感じますが、それでこれです。日本がいかにアーカイブ後進国なのかと嘆じたくなります。

ちなみに、明治の日本には「歴史的文書」の考え方はありました。

一八八九年、明治二十二年に公布、翌年に施行された大日本帝国憲法には、前文の代わりに「御告文（ごこうもん）」があります。明治天皇がこの憲法に則って統治することを神武天皇以来の歴代の神々、ご先祖様に誓い加護を願うという形式になっています。十七条憲法には言及していませんが、歴史の継続については大事にしています。

ちなみに帝国憲法は、律令以降の法令は全て否定しています。内閣制度が創立された明

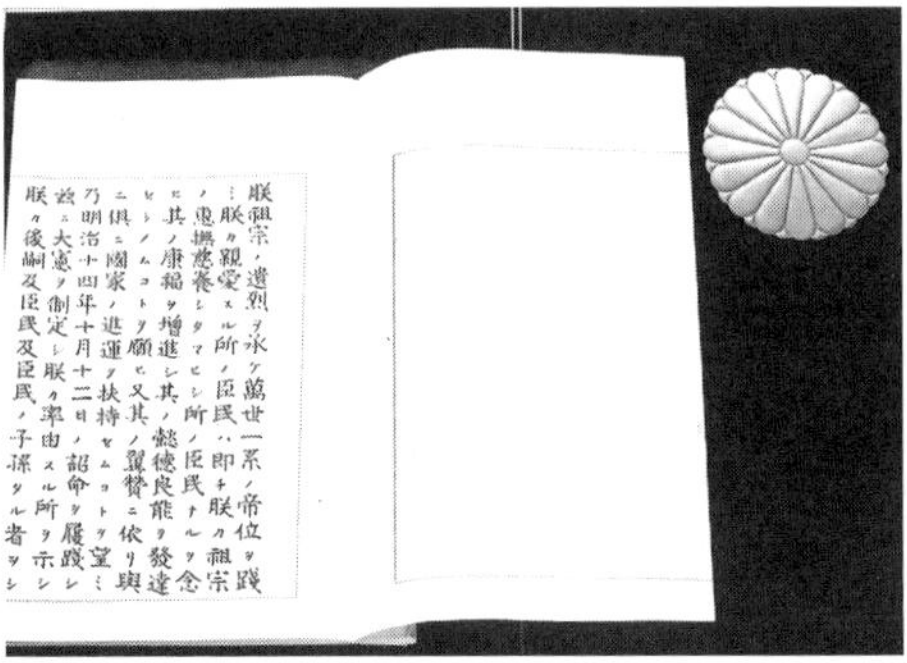

大日本帝国憲法（明治22年2月11日）。明治憲法、帝国憲法、旧憲法などとも呼ばれる。首相官邸ホームページ（https://www.kantei.go.jp/jp/seido/index.html）

治一八年（一八八五年）に大宝律令は完全否定され、太政官制が完全廃止されました。聖徳太子というのは神武創業の精神の中にあるものです。あれから、十七条憲法は、一度も廃止手続きは取られていません。

あらゆる「ぶんしょ」には、意思があります。「ぶんしょ」が何をもって「もんじょ」となるのか、それを考えるのも意思です。ただし、そこのところを恣意的な意思ではなく、知の体系化として行うのがアーカイブの使命です。「もんじょ」を残すということは意思を残すということなのです。

第二章

令和の文書管理、今の日本の課題

「太平洋戦争」は右翼用語？

文書には結局、国、組織、あるいは個人の意思が表れます。したがって、それは基本的に仕事において使うものです。アーカイブは官僚を叩くための道具ではなく、むしろ行政側で働いている人達を守る為にあります。仕事をしやすくする為の技術でもあります。

そうしたことがよくわかるのが、『公文書危機　闇に葬られた記録』（毎日新聞取材班、毎日新聞出版、二〇二〇年）という本に紹介されている事例です。この本は題名でも分かる通り、基本的に「安倍政権叩き」の記録です。とは言うものの、いわゆる安倍応援団は安倍晋三の批判本は読みませんし、そうでなくても公文書という言葉が出たとたんに安倍政権批判、安倍バッシングがついてくるのが昨今であり、このような偏見がある状況ではなかなかアーカイブのことは理解されません。

そもそもアーカイブという分野、アーカイブ研究の分野には、安倍叩きの時代以前から思想的に左がかった人が多いのも現実です。二〇〇四年に、日本学術会議の協力学術研究団体として日本アーカイブズ学会という学会が設立されていますが、この学会を指して、

「安田講堂から逃げたやつらの溜まり場じゃないか」と吐き捨てた、ある高名な歴史学者を私は知っています。

アーカイブ研究家の松岡資明《ただあき》氏が書いた前掲『公文書問題と日本の病理』一四一ページには次のような一節が見られます。

関東軍が起こした満州事変によって、「五族協和」を掲げる満州国が一九三二年に誕生した。五族とは漢族、朝鮮族、満州族、蒙古族、そして倭族（日本）を意味する言葉である。

歴史的に正確なサンズイをつけた「満洲」を使わないどころの話ではなく、日本を「倭」呼ばわりです。自分の国に対してわざわざ蔑称を使い、しかも出すのが一番最後です。

私も「アジア太平洋戦争」の語が出てこないとアーカイブの本を読んだ気がしないほど慣れてはいますが、さすがに「倭族」には腰を抜かしました。最近の歴史学界で「太平洋戦争」なんて用語を使おうものなら、「学術的に不正確だ！　貴様は右翼か！」と言われかねないほど左傾化は進んでいますが、その中でも白眉というかなんというか……。

知らない人のために解説しておくと、大東亜戦争が日本の公式名称でしたが、終戦直後に連合国軍最高司令部（GHQ）の「神道指令」によって使用が禁止され、太平洋戦争という呼称が広まりました。しかし、太平洋戦争という呼称は学術的に正確ではないという議論があって、一九九〇年代からアジア太平洋戦争という呼称が定着します。かつては右翼大学の総本山の感があった国士舘大学で、歴史学のシラバスに「アジア太平洋戦争」の文字を見つけた時は涙を禁じえませんでした。

極左のたまり場、それがアーカイブ研究

二〇〇三年に勃発したイラク戦争の頃です。当時、リベラル系の文化人は一斉に反発しました。その頃、とあるアーカイブ学の大家は某学会で、「公文書が焼けるから戦争には反対である」と講演しました。赤ん坊が死ぬから戦争には反対だといった言い方には、それはその通りだが戦争はそんなに単純な話ではない、ということにもなります。しかし、

「公文書が焼けるから戦争に反対だ」まで言われたら、もはやフェティシズム。フェチです。鉄道オタクには軍オタと反軍オタの両方がいて、軍用列車にも素晴らしいものがあるから軍事も好きという人と、戦争になったら鉄道が壊されるので戦争は嫌いという人に分かれるとか。それと同じレベルです。

だから、「アーカイブは左翼の世界のたまり場か」と聞かれたら、「違う。極左のたまり場です」と答えます。

しかし、こんなことをいちいち気にしていたら、アーカイブに関する本は読めません。松岡氏の『公文書問題と日本の病理』にしても、大場弘行氏が執筆した毎日新聞取材班の『公文書危機　闇に葬られた記録』にしても、読むべきところが大いにありますから。

本題です。『公文書危機　闇に葬られた記録』の前書きは、財務省の話から始まります。引用してみましょう。

「財務省の力の源泉を知っていますか？」

ある省のキャリア官僚からこんな質問をされたことがある。

財務官僚は公務員試験の成績上位者ばかりで結束力も強い。省庁の予算を査定するから財布のひもを握っている。しかも、国税庁という「税の捜査機関」をしたがえて政財界ににらみをきかせている。霞が関の常識だ。そう答えると、その官僚はクビをふった。
「ちがいます。答えは、記録なのです」（七ページ）

予算編成権や税の捜査権が財務省の権力の源だと多くの人が思っているけれども、実は違い、それは記録だと言うのです。引用部の後には、某官庁が予算請求の際の根拠としてある前例を引っぱり出してきたところ、財務省は三〇年ほど前の資料を引っぱり出してきて、それは例外だから前例にならないという理由をとうとうとまくし立てて拒否したという話もあります。

一流官庁は、文書管理を武器にしているのです。

旧大蔵省以来、官房文書課長は出世コースです。「その能力はもう政界操作本部と言われるほど」とも言われます（神一行『大蔵官僚─超エリート集団の人脈と野望』講談社、一九八二年）。財務省ウォッチャーの中には、「文書課」を「スパイ課」と呼ぶ人もいます。

文書は組織の基本であり、強い組織こそ基本である文書を大事にするものです。

アーカイブを武器とする人々、内閣法制局

霞が関の中で、最強の推進力を持つのが財務省ならば、最強の拒否権を握るのが内閣法制局です。日本国のあらゆる法令に目を通し、既に予算が付いた法律に対しても法制局から「違憲の疑義がある」と一言クレームが飛んで来たら、役所総がかりで直さねばなりません。そこまでの権威があるのは、「法制局の官僚は法律に詳しい」との信用があるからです。内閣法制局は、法規先例に日本一詳しい役所です。明治維新の太政官制度以来の記録が万全だと誇ります。

つまり、膨大な「もんじょ」を財産として、仕事に活かしています。さらに、自分達が持っている内部資料によって、法制定の途中経過が十全にわかります。

たとえば、法制定の結果として、条文は全員が見られます。しかし、その法律ができるまでの過程を史資料として持っている内閣法制局には、この法律はどういう解釈をするの

が正しいのかということがわかり、その答えを知っています。そして、その答えは使わずに別の方法をもって、これはこういうことなんですよという資料を作って他省庁を説得します。アーカイブを武器としているわけです。

最近は、国立公文書館に中曽根内閣（一九八二〜八七年）くらいの史料が移管されています。先に紹介したように検察庁法改正問題でコニタンこと小西洋之議員が中曽根内閣当時の法制局の審議史料を探し出してきて、国会質疑の資料として使い、政府を立ち往生させました。安倍政権退陣の遠因です。

安倍政権はアーカイブを疎かにせず、きちんと法規先例を調べていれば醜態をさらすことはなかったでしょう。安倍首相（当時）の応援団はコニタンを小バカにしていましたが、そのコニタンにアーカイブを利用されて大恥をかかされたのです。

アーカイブを笑う者はアーカイブに泣く、としか言いようがありませんでした。

キャリアとノンキャリアの対立による、文書として残さないノウハウ

文書を保存する技術は、裏を返せば残さないノウハウになります。

財務省にも、文書として残さないノウハウがあります。

『現代思想　特集＝公文書とリアル』二〇一八年六月号に掲載されている、前田健太郎東大准教授の「『小さな政府』と公文書管理」とタイトルされた論文に次のように書かれています。

二〇一七年の加計学園問題において「個人的なメモ」と「行政文書」の線引が論点となったように、日本では文書と行政職員を分離する基準が曖昧である。定期的に部署を異動するキャリア職員を、その部署の業務に精通した「生き字引」とも呼ばれるノンキャリア職員が支えるという、日本の行政組織にありがちな構図は、業務に必要な知識が文書で共有されるのではなく、特定の職員に占有されていることを意味する。中央省庁における意思

決定方式としては、関係者が決裁文書を回覧・押印する「稟議制」と呼ばれる手続きが有名であるが、実際には決裁文書の回覧に先立って関係者間の調整が非公式に行われてきた。

キャリアとは、東大法学部出身者を中心とした高級官僚のこと。たとえば、一年に二〜三十人ほどです。ノンキャリアとは、普通の国家公務員のことです。警察なんかだとわかりやすいでしょう。警察庁長官や警視総監はキャリアの頂点です。キャリアの仕事は基本的に、予算の獲得・法案の作成・他省庁や政治家など外部との折衝です。警察の主な仕事は事件の捜査と逮捕ですが、現場で働いているのがノンキャリアです。ドラマなどで出てくる刑事さんは、ノンキャリアです。警察の高級官僚が犯人の捕まえ方なんか、知る訳がありません。

現場の実務をキャリアは知らない。これはたいていの官庁の実態です。

キャリアと呼ばれる高級官僚は、政治家に対して腹の中で「あなたたちは行政の実務を知らないでしょう。私たちがいないと何もできないのですよ」と威張ります。大臣は決定権を握っていますが、ハンコを押していいのかどうなのかすら、キャリア官僚に聞かなければわかりません。しかし、そのキャリア官僚も、現場の実務を本当に知っているノンキャリに話を聞かないと仕事にならないのです。

ノンキャリとしては、ノウハウを吐き出してしまえばキャリアにいいように使われるだけなので、わざとノウハウを残しません。したがってアーカイブが組織知にはならずにいるのです。

だから財務省などでは、キャリアで出世する人はノンキャリをまとめ上げられる人だ、ということが言われます。ノンキャリの結束力の強さについては、主計局のノンキャリだけが集まる七夕会という集まりがあるほどです。戦時財政を担ったことで知られる賀《か》屋《や》興《おき》宣《のり》という大蔵官僚が作った会で、国家予算編成を担う主計局のノンキャリのOB会だそうです。彼らを敵に回せば、財務省主計局のスーパーエリートも、仕事になりません。

賀屋興宣

アーカイブというと、「隠す官僚vs.叩く民間と左翼勢力」といった構図になりますが、そんな単純な話に矮小化されている時点で不幸です。

本書では、「現場で働く人のための文書管理（アーカイブ）」を提唱します。ただ、言うは易く、行うは難し。権限はすべてキャリア官僚が握っているのですから、ノウハウを吐き出してしまえばノンキャリには何も残りません。「隠すな」と言われるべきは現場でノウハウを持っている人たちに対してでしょうが、一筋縄でいく問題ではありません。

覚えておきたい、公文書と私文書の原則

文書の種類の話に戻ります。今度は「公文書」と「私文書」の違いです。さて、どう読むでしょうか。

ここまで、文書（ぶんしょ）と文書（もんじょ）、その違いについてお話をしてきました。一般的に包括概念として公文書、私文書と言いますが、そこには「公文書（こうもんじょ）」、そして「私文書（しもんじょ）」があるはずです。ここからは、公文書（こうぶんしょ）、公文書（こうもんじょ）、私文書（しぶんしょ）、私文書（しもんじょ）の四つ

の概念を使っていきましょう。

と言葉で説明されると混乱されると思うので、図式にします。

史資料＝資料　＋史料
公文書《こうぶんしょ》＝公文書《こうぶんしょ》＋公文書《こうもんじょ》
私文書《しぶんしょ》＝私文書《しぶんしょ》＋私文書《しもんじょ》

「ぶんしょ」は現用で、「もんじょ」は非現用です。それに「公」とか「私」がつくだけです。

さて、「公（おおやけ）」と「私（わたくし）」の違いを整理しましょう。

ざっくりと言いますが、公文書以外は全て私文書と考えて構いません。この世に発生した文書（ぶんしょ）の中で「公文書（こうぶんしょ）」に指定された文書だけが、「公文書（こうぶんしょ）」です。まずはこの原則を覚えてください。何を公文書とするのかは膨大な技術がありますから、原則が大事です。

事例で説明します。スウェーデンは、アーカイブ先進国と言われています。アーカイブを習うときに、必ずと言ってよいほど出される例があります。

ある大臣が閣議の時に、「これは自分の個人的メモだから」と言い出しました。しかしアーキビストが、「いや、それは意思決定に関与した文書だから保存しなければいけない」と公文書に指定して、今でも公開されています。

メモは私文書です。しかし、メモではあっても公権力の意思決定に関わった文書はすべて公文書（こうぶんしょ）だからという理由で、今では公文書（こうもんじょ）として保存公開されています。

こうした公と私、公文書と私文書の理解は、仕事で重要です。

トランプをバッシングしたボルトンの暴露本はどう扱われるか？

二〇二〇年、トランプ政権下で国務長官を務めたジョン・ボルトンが『THE ROOM WHERE IT HAPPENED』（梅原季哉監訳　関根光宏、三宅康雄他訳『ジョン・ボルトン回顧録：トランプ大統領との４５３日』朝日新聞出版、二〇二〇年）というタイトルの回顧録を出版して話題になりました。会議中にとっていたメモを大量に使って書いた暴露本です。

これは、メモは果たして公文書か私文書かの問題以前に、普通に守秘義務違反です。私文書であってもその内容を公開してはいけないというふうにさせるのがアーカイブの方法論です。そうならなかったのはトランプ政権の落ち度です。私文書だからという言い訳を認めた時点で、トランプ政権のアーカイブは稚拙だったとの誹《そし》りはまぬがれません。

先のスウェーデンの事例でいえば、私文書だからとボルトンが説明するのは言い訳にはなりません。百歩譲って、守秘義務の問題を棚上げします。ボルトン氏は私文書（しぶんしょ）としてメモをとったかもしれないけれども、将来は公文書（こうもんじょ）として残さなければならないはずのものだからです。そういう可能性があるものを、いくら契約書に守秘義務の文字がないからといって表に出してはだめですよ、というのがアーカイブです。

ジョン・ボルトン

ドナルド・トランプ

先進国においては、アーキビストが、文書の扱いを現用の政治家や官僚に対して要請できます。そこには強制力が伴います。捨ててはだめ、残せ、こういう整理の仕方をしなさい、という指示を現用の政治家や官庁に対して行えるのが、公文書館（こうぶんしょかん）です。

一方、文書館（もんじょかん）には、現用官庁に対する権限がありません。したがって、日本の国立公文書館は「『こくりつこうもんじょかん』なんじゃないの？」などと言われるわけです。

先述した、アメリカの国立公文書館は正式名称を「National Archives and Records Administration」といいます。略称は、NARA。日本における国立公文書館（こくりつこうもんじょかん）的な機能だけではなく、現用官庁に対して、司法・立法・行政に関わるものすべてに対して、指示権限がある巨大官庁です。

アメリカという国は、三権分立はもちろん、政党や私的団体も含めたいろいろな機関が対立し合ったうえで最終的にまとまっていくという国です。NARAは三権に対して指示を出し、かたや司法・立法・行政の方は従いたくないと抵抗し、日常的にも戦いをしています。アメリカは、そういう国です。

ボルトンのメモは公文書（こうぶんしょ）なのかということについては、その時点では公文書（こうぶんしょ）ではないかもしれないけれども、公文書（こうもんじょ）になる可能性が高い私文書（しぶんしょ）である、と言うことができます。アメリカのアーカイブは、これは私文書だからという言い訳をゆるさない技術として発達してきているはずでした。しかしトランプ政権ではうまくいっていなかったという事例がボルトンの一件です。政権の問題なのかボルトン個人の資質なのかはともかく、あの手の暴露的回顧録が出たというのは政権として失態です。

隠す技術の発達、情報公開法と「何を隠すべきかの原則」

ここでボルトンの話が出たので、情報公開の話をしましょう。

情報公開は、アーカイブがあって初めて発生するものです。現用官庁が文書を作成してそれを保存し、整備し、取捨選択し、公開します。

日本では二〇〇一年に情報公開法が施行されましたが、情報公開法の前提は、文書の整理ができている、ということです。アーカイブを抜きにして情報公開だけを議論しても、問題は未来永劫、解決しません。

情報公開においては、何でもかんでも公開しろという話ではなく、安全保障に関する情報と個人情報は例外とするのが普通の国です。実はここにこそアーカイブの重要ポイントがあります。

アメリカでは、何であっても三〇年経てば公開されることになっています。たとえば一九七六年に発覚したロッキード事件の灰色高官の名前は今すべてわかっています。ロッキード事件に関しては日本側の史料公開は遅々として進みませんが、アメリカ側の大量に公開された文書を使って研究が進んでいます。アメリカは「三十年で公開」が原則ですが、それは裏を返せば、「何を隠すべきかの原則」です。三十年間は秘密を隠す、情報公開をしない、なのです。

例外規定は設けるものの何でもかんでも原則として公開。しかし国の安全保障と個人情報保護に関わることは例外にしなければならない、が情報公開の原則です。ただし、それは普段からきちんと整理ができているから可能なのです。

つまり、アーカイブをちゃんとやっていると、隠す技術が発達すると言うことができます。日本の官庁においても、うまく隠している人は隠しているのでしょうが、有るはずのものまでを無いと言ってしまうから、「隠すな」と叩かれるのです。

多くのアーカイブ学の専門家からは怒られると思いますが、本書の目的および特徴は、官僚の隠す事実としてのアーカイブにスポットを当てる、という点にあります。これが安全保障に繋がり、個人情報保護に繋がるのですから。

コロナ禍の下では、無思慮と思われるやり方で個人情報が公開されました。アーカイブの訓練ができていないから出してはいけないものまで平気で出してしまいます。最初からフォルダを分けておき、ミスが起きないようにしておけばいいわけですが、そういうことが行われていません。文書整理ができていれば、間違ってもこのフォルダは公開してはいけないという意識付けは自然になされます。

隠すということは秘密にするということです。「秘密」のあり方には二種類あります。カバート（covert）とクランデスティン（clandestine）です。

カバートは、目次はわかっているけれども中身がわからない、という秘密です。世界一有名なカバートは「ケネディ暗殺事件調査報告書」です。そういう名前の秘密の資料があることは世界中が知っています。しかしその中身は二〇三九年になるまでわかりません。

中身は秘密だけれども、その存在が秘密ではないのがカバートです。

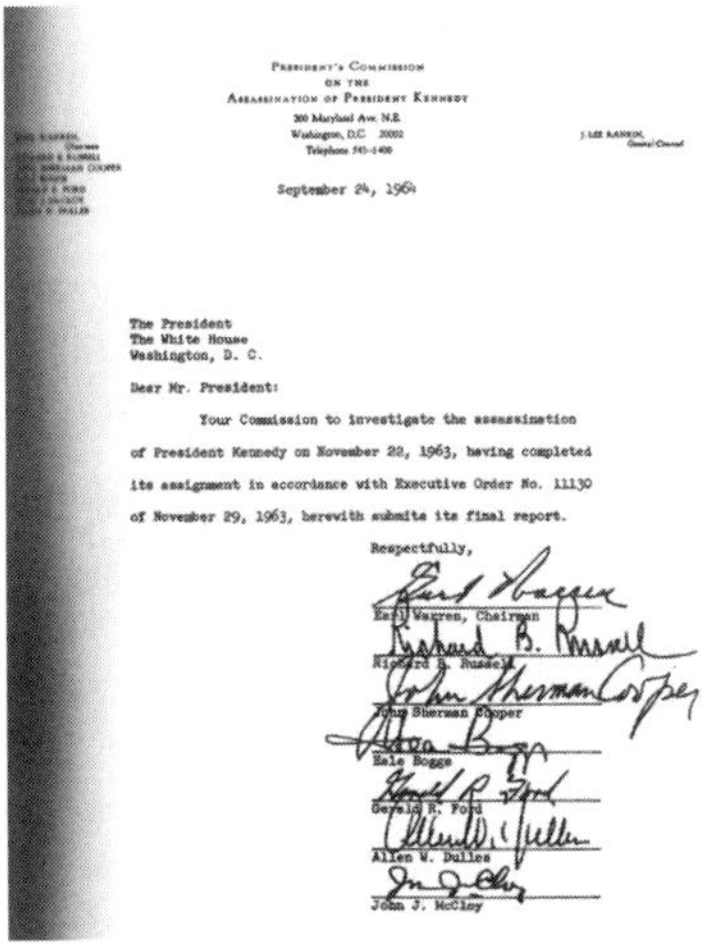

PRESIDENT'S COMMISSION
ON THE
ASSASSINATION OF PRESIDENT KENNEDY
200 Maryland Ave. N.E.
Washington, D.C. 20002

J. LEE RANKIN,
General Counsel

September 24, 1964

The President
The White House
Washington, D. C.

Dear Mr. President:

Your Commission to investigate the assassination of President Kennedy on November 22, 1963, having completed its assignment in accordance with Executive Order No. 11130 of November 29, 1963, herewith submits its final report.

Respectfully,

Earl Warren, Chairman
Richard B. Russell
John Sherman Cooper
Hale Boggs
Gerald R. Ford
Allen W. Dulles
John J. McCloy

2039年公開予定の
「ケネディ暗殺事件調査報告書」

アーカイブ先進国アメリカがケネディ暗殺事件の報告を2039年まで秘密にする理由

アメリカはアーカイブ先進国です。隠すことも必要であり、ケネディ暗殺事件調査報告書は二〇三九年まで秘密にしたいということになっているわけです。国会および政府の、隠さなければいけないという意思でやっていることです。

クランデスティンは、秘密があること自体が秘密である、という状態です。存在そのものが秘密ですから、誰も知りえません。

カバートとクランデスティンを使い分けられない国は、安全保障の基礎ができていない国です。情報を扱う基礎は、アーカイブです。

これは民間でも同じで、カバートとクランデスティンの使い分けは、仕事に役に立つはずです。

どこの企業でも、何でもかんでも情報公開するなどということはありえません。例えばクレームがきたとします。それらを逐一記録しておくとしても、株主総会ですべて公開するかといえば、そんなことはしません。しかし、それらはやはり内部文書として保存しておいて活用する方が組織として強力になります。また、逆に株主総会なりに必要に応じて見せられるようにしておくためには、最初からカバートしておくものとクランデスティンとして持っておくものとを意識してアーカイブする必要があります。「隠す事実としてのアーカイブ」というものを持っていなければいけないのです。

何でもかんでも情報公開せよと言う人がいますが、現在進行形の情報など出せるはずがありません。差しさわりがあるに決まっていますから。「有力株主の○○さんからのクレーム対応」なんて文書を、株主総会で出せと言い出すのが、一部のアーキビストです。

アーカイブ先進国では、原則として何十年か経ったら出す三〇年ルールあるいは二〇年ルールなどと呼ばれるルールが確立されています。秘密にはいろいろとあり、すぐに出していいもの、何年かは隠しておく必要があるもの、秘密があること自体を隠さなければいけないものの三種類を使い分けする必要があります。

そうした状況において無理難題を言うならば、やはり官僚も仕事がやりにくくなるだけです。現実的に、その点を十分に考えた方がいいのではないでしょうか。

公文書（こうぶんしょ）と公文書（こうもんじょ）の間

公文書（こうぶんしょ）と公文書（こうもんじょ）、私文書（しぶんしょ）と私文書（しもんじょ）。二元論です。

しかし、中間というものがあります。公文書においても「ぶんしょ」が「もんじょ」になっていく過程の境界があります。したがって「半」という状態もあります。

公文書（こうぶんしょ）があり、それが公文書（こうもんじょ）になるまでの間に取捨選択が行われます。この取捨選択を、普通の国は中間管理所あるいは公文書館（こうぶんしょかん）が行います。現用官庁には自分で取捨選択させません。その文書（ぶんしょ）を捨てていいかどうかを、自分で判断させないのです。

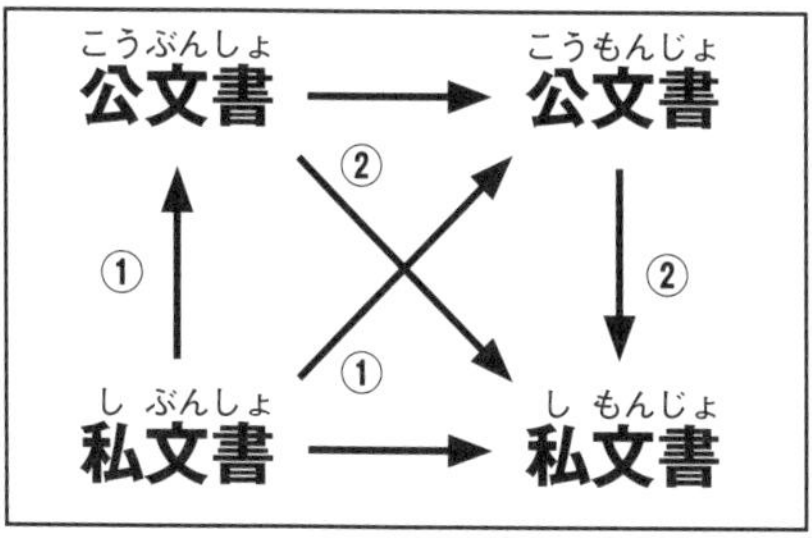

①私文書が移管されて公文書になることは多々ある
②公務員が公文書を持ち出し、私文書とすることも多々ある。本来はあってはならないことだが

このルールがない限り、日本の国立公文書館はいつま

でも「もんじょかん」だの「ゴミ捨て場」だのと言われてしまいます。この件について一度、国立公文書館に問い合せたことがありますが、「うちは文書（ぶんしょ）は扱いません。来たものを受け入れるだけです」という返答でした。

現用官庁には取捨選択させないとはいうものの、どこの国でも、現用官庁が中間管理所あるいは公文書館に持っていく前段階の保存ということがあります。ちょっとしばらくとっておこう、というようなことがあるのです。

ひとつ、興味深い話をしておきましょう。日本の外交文書（もんじょ）には、「半公信」という謎の様式があり、今でも使っているそうです。イギリスからの輸入で、原語は「セミオフィシャルレター」です。

普通は「こうぶんしょ」が「こうもんじょ」になります。ただ、私文書（ぶんしょ）を公文書（ぶんしょ）に指定することもあります。

半公信は、「こうぶんしょ」ではないけれども「こうもんじょ」になる前提の私文書です。一例を紹介しましょう。一九三二年に満洲国という国ができました。

大日本帝国は満洲国に大使館を置きます。当然、大使がいるのですが、関東軍司令官という陸軍軍人が必ず兼任します。部下は全員外交官であり、外務省の人間です。外務省にとっては当時の陸軍は敵です。公文書であれば敵である軍人たる上司に見せなければいけないけれども、私文書であるとして見せなくても構いません。

そこで、「半公信」という様式を多用していました。私文書だから捨てていいかというと、それは「こうもんじょ」になるものですから捨てません。外交史料館には半公信が大量に残っています。

インテリジェンスと外務省と「半公信」

あまりにもセクショナリズムな使い方ですが、半公信はインテリジェンス、秘密情報を扱う時に多用されます。組織の中で共有しておかなければならないものとして半公信が使われている限りは、半公信は政府機関の様式として公式に認められているということになるでしょう。

二〇〇〇年代初頭、私が某役所でバイトをしていた時代のことですが、半公信を整理していた時に外務省の方がいらっしゃって、「倉山さん、面白そうなものを見ていますね」という話になったことがあります。その方は、「いや〜、うちら、人事とか危ない情報は半公信でやりとりするんですよね」とおっしゃっていました。聞けば、合コンメールも半公信でやっているとか。外務省の風紀の乱れは一時期スキャンダルになっていましたが、その頃の話なので、今は違うと信じたいですが確かめていません。間違っても「合コンメールを「mofa.jp」のアドレスで流しているなどということはないと信じます。

さて、半公信のような様式を操れる人でなければ、インテリジェンスに触ることはできません。アーカイブのできない人間が、インテリジェンスだの安全保障だのと言ったところで始まりません。

半公信といったことの意味がわかっていてやっている人はいいのですが、意味もわからず形だけ真似ていると悪用ということになってきます。人事の話などはプライベートメールでやればいいことでしょうし、そもそも電話ですませて文字に残すなという話でもあります。文字に残してはいけないものがわかっていない、ということの典型的な例でしょう。

なお、元外務官僚の作家・佐藤優氏は暴露小説『外務省ハレンチ物語』（徳間書店、二〇〇九年）などで、外務省について「保身と組織防衛に関する諜報能力は世界最強。モサドもMI6もKGBもCIAも裸足で逃げ出す」と表現していました。この能力、お国の為に使えば、とてつもなく優秀だと思うのですが…。

公文書の定義、その問題点と日本の混用

そもそも、公文書とは何でしょうか。日本には次のように全く異なる五つの定義があって混用されています。

①その公的機関の、公文書規則に従って作成された文書。
②その公的機関の、決裁のある文書。つまり、官報に掲載される文書、保存（破棄）の規定がされる文書、特定の秘密指定を受けた文書。
③その公的機関の、意思決定に関与した文書。

④その公的機関の、内部で作成された文書。
⑤その公的機関に、一度でも入った文書。

一番狭い定義が、①その公的機関の、公文書規則に従って作成された文書、です。お役所主義の規約です。役所に書面を提出に行って、一文字間違えて書き直しという経験をお持ちの方は少なくないでしょう。

少しばかり緩くなって、②その公的機関の、決裁のある文書、です。公的機関の決裁のある文書ということで、つまり官報に掲載される文書、保存破棄の規定がされる文書、特定の秘密指定を受けた文書です。

森友事件ではこの決裁文書が改ざんされました。論外です。犯罪であり、なぜ大阪地検が不起訴にしたのか謎です。アーカイブの観点からは、不起訴になる理由がわかりません。不起訴になるのは改ざんがなかったと明らかに言える場合です。裁判で勝てそうもない、あるいは財務省が恐《こわ》い、といった理由で日和ったのだろうと推察されますが。

これをアーカイブの観点から言うと、自殺者まで出ていて証拠が出せないというのは、

「どれだけ巧妙な改ざんが行われたのですか？」です。

定義として世界標準であるのは、③その公的機関の、意思決定に関与した文書、です。意味的に急に広くなるのが、④その公的機関の、内部で作成された文書、そして、⑤その公的機関に、一度でも入った文書。公文書という言葉に、日本にはこの五つの定義があります。

五つの定義にはそれぞれ一長一短ありますが、この五つは混用、あるいは都合の良いように使い分けられています。

公文書規則に従って作成された文書だけを公文書だとするのは、組織を守るために律令の時代から行われていることです。聖徳太子は冠位十二階を作って蘇我氏のような実力のある豪族を天皇の権威の下に取り込もうとしました。天皇の命令および法令の外にいる存在をいかに取り込むかが聖徳太子の政策であり、後の大化の改新であり、壬申《じんしん》の乱を経て天武天皇の時代に決着がつき、大宝律令で成文化されたわけです。

公文書と日本の歴史、古代から天皇も法を守った

つまり、日本は法の支配を古代からやろうとしていた国でした。中国人以上に厳密で甚大な法の支配を求めました。中国の場合であれば、皇帝に楯突く道具として法が使われたとしても、実力のある皇帝であれば法を無視して事を片付けてしまいます。

ところが日本は、天皇であれ法を守らなければいけません。

奈良時代、最強の天皇は聖武《しょうむ》天皇でした。良いか悪いかは別ですが、強いか弱いかで言えば、最強でした。その聖武天皇でさえ、公文書規則に則らない公文書は出せませんでした。

聖武天皇像
（鎌倉時代、13世紀）

七二四年、宮子《きゅうし》尊号事件と呼ばれる事件が起きます。聖武天皇が生母である藤原宮子に対して、皇族ではないのに尊号を与えようとし、左大臣の長屋王に諫められます。長屋王は、公式令（くしきりょう）に反するとして上奏しました。聖武天皇は、法の前に反論できなかったのです。結果とし

てこの事件が長屋王の変の遠因になったと言われていますが、いずれにしても宮子尊号事件は聖武天皇の完敗です。

なお、聖武天皇と言えば東大寺の正倉院が有名です。東大寺正倉院宝庫には、奈良時代の文書が約一万二千点も残されています（安藤正人・青山英幸編著『記録史料の管理と文書館』北海道大学図書刊行会、一九九六年）。

近年では巷で「田中眞紀子こども銀行券騒動」と呼ばれている出来事が二〇〇一年、田中氏が外務大臣だった時代に起きています。職員を脅してその辺にあるメモ用紙に辞令を書かせましたが、官僚が「文書様式に沿っていないので無効です」と抵抗した事件です。当時の外務次官が「こんなのはこども銀行の札みたいなものだ」と言ったとされています。統治者能力を見失っているということで田中氏辞任に繋がった事件でもありました。

こうしたことからもわかるように、実は文書というものは変な権力から官僚個人や組織を守るためのものでもあります。①の定義の長所です。

もちろん、公文書規則に従って作成された文書が公文書であるという定義には、短所もあります。全部が全部、公文書規則に則ったものでなければならないという点です。

レコードマネージメントは仕事をやりやすくするための技術です。公文書規則に則ったものだけが公文書であるなどという定義に従っていたら、何も残せないということになりかねません。

また、現在、行政側には情報公開法の施行を背景にして、外に出したくないものは公文書にしたくないという傾向があります。公文書規則に則ったものだけが公文書だという定義を笠に着て、何でも隠せてしまうということにもなりかねません。本来は公文書によって行われるべき重要な決定が公文書ではないものによって行われて情報公開され、あやふやな状況になるということも考えられます。

そもそも文書規則を守らない官庁というものは考えられません。ただ、実際には、仕事をやっていれば全部が全部を守ってはいられないようなことにもなりますが。だからといって、文書を恣意的に作成していいということにはなりません。

たとえば、大日本帝国には、清国に対する宣戦の詔、露国に対する宣戦の詔、独逸国に対する宣戦の詔書、米英両国に対する宣戦の詔書、の四つの開戦の詔書があります。四番目の対米英開戦の詔書は恣意的に文書が作成された悪例です。

他の三つは、「皇帝」の名前で宣戦がなされていますが、対米英開戦だけ「天皇」の名前です。律令以来、祭祀は「天子」、内政は「天皇」、外交は「皇帝」の名前で行われてきました。ところが昭和十年から翌年にかけて国体明徴運動が発生し、その過程で皇帝号から天皇号に変更されました。だから昭和十六年の対米英宣戦は「天皇」号で行われています。文書規則の意味を考えなかった、仕事の乱れです。

明治四三年（一九一〇年）に制定された陸軍公文書規則には、私人もまた公文書規則を守れとしてあります。役所に持ってくる文書はその役所の文書規則に従って作成しろということなのですが、あたりまえと言えばあたりまえのことでしょう。

決裁文書の重要性、黒川氏の定年延長

決裁文書こそが公文書であるという定義があります。決裁文書は、基本的には公文書規則に則って作成されますが、急ぎの決定であれば、規則が飛ばされることもあります。閣議決定などは最初から様式が定まっていて、フォーマットに従って入れていくかたち

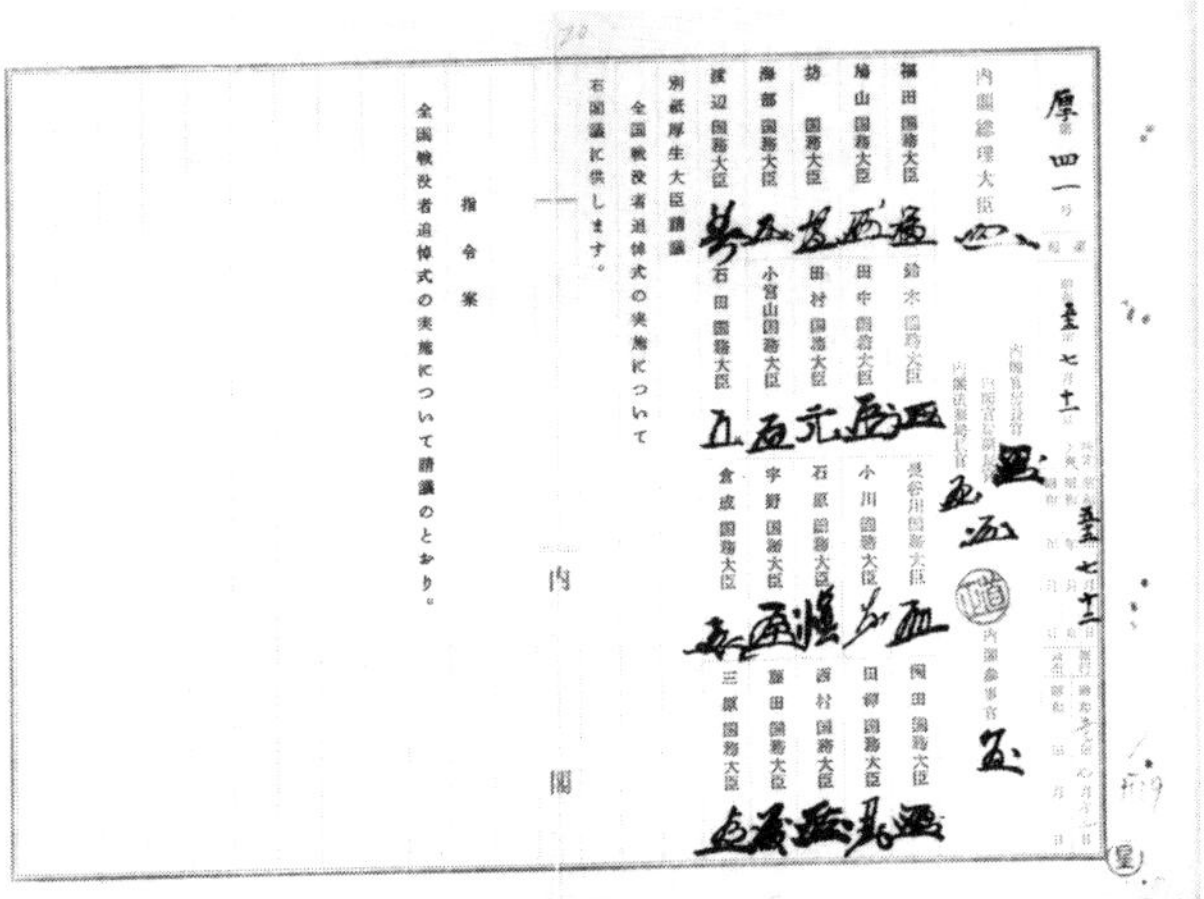

厚四一号

内閣総理大臣

福田国務大臣　鈴木国務大臣　長谷川国務大臣　園田国務大臣

鳩山国務大臣　田中国務大臣　小川国務大臣　田沢国務大臣

坊国務大臣　田村国務大臣　石原国務大臣　西村国務大臣

海部国務大臣　小宮山国務大臣　宇野国務大臣　藤田国務大臣

渡辺国務大臣　石田国務大臣　倉成国務大臣　三原国務大臣

別紙厚生大臣請議全国戦没者追悼式の実施について右閣議に供します。

内閣

指令案

全国戦没者追悼式の実施について請議のとおり。

全国戦没者追悼式の実施についての閣議決定（昭和52年）
国立公文書館デジタルアーカイブより

になっています。基本的には定型の用紙があって、内閣官房が決定事項を指定の場所に記入し、閣僚が花押を書く場所があります。全員が回覧して花押をすれば、閣議決定です。

いわば、日本政府の最高決裁文書です。

決裁文書は、公文書規則に従って作成された文書が公文書であるという定義よりも広く運用と保存が保障されます。

陸軍省の『大日記』や海軍省の『公文備考』など、各役所の決裁文書を集めた簿冊で、それぞれの役所の様式が確認できます。

なぜ全省庁統一の様式がないのか。元をたどれば伊藤博文が山縣有朋に負けた公式令の話にまで戻らなければいけないのかもしれません。では、なぜ伊藤が負けたのか、役所は独自の様式にこだわるのか。一つは、今まで慣れているから、捨てたくないのでしょう。急に今までの仕事のやり方を変えたくないのは、人情です。

もう一つは、他の役所に情報を与えたくないのでしょう。これも官僚の習性です。実際、優秀な官庁は意図的に隠しています。結局、途中経過については特定の官庁の中で秘匿されており、他の役所と戦う場合の武器にはなるかもしれないが国の力にはなっていない、ということになります。

ただし、出せと言えば出すものでもありません。実際、法制局や財務省はクランデスティンしています。本気で情報公開しろと言うのであれば、まずは整理術として、現在クランデスティンになっているものをカバートにさせる方法論を打ち出す必要があります。ただ単に、隠す官僚は悪いやつだ、国民主権を尊重して見せろと言ったところで意味はありません。官僚は頑なになり、むしろ逆効果になるだけです。

改めて黒川騒動を事例にします。

定年延長できないはずの黒川弘務東京高等検察庁検事長（当時）の定年延長が閣議で決

定されたことに対して、当時の安倍政権が黒川氏を無理やり検事総長にするために定年延長したのではないかとする疑惑です。

黒川氏の定年延長は、検察庁法には定年規定がないけれども国家公務員法に規定があるのでそれを適用して閣議決定したものだ、と政府は言いはりました。特別法で禁止されていることを一般法の下でやったと強弁しました。

それに対して、批判側である小西洋之参議院議員が、国立公文書館で、総理府人事局が「検察官の勤務延長は除外される」と明記していた一九八〇年当時の内閣法制局による「想定問答集」を見つけ出してきました。国家公務員法の定年延長について検察官は例外だと国会答弁されていた証拠を見つけ出してきました。

安倍内閣の森まさこ法務大臣（当時）の答弁は、閣議決定した一月の段階でそれは解釈変更したのだ、という言い方をしました。この時点で、解釈変更ができるのかということが問題になります。すでに公の議事録に残っている政府答弁を、しかも検察官の人事という重大事を、口答決裁で変更していいのか、と追及されました。内部の決裁だけではなく国会で公にされているものを役所の大臣と役人との間だけの口答決裁で変えていいのであれば、国会は存在していないに等しいことになります。そこまでの裁量が官僚に与えられるのであれば立法府は必要ありません。全く逆の運用どころか、禁止するという主旨で決められたことが無視されました。したがって、大事なことは文書で行わなければいけないのです。

意思決定における文書の重要性に関し、別の事例を出します。

吉田茂という政治家は文書に対してうるさい人でした。一九四八年に山崎首班事件が起こりますが、アーカイブの知識を使って乗り切りました。

1954年、ダグラス・マッカーサー（左）と吉田茂（右）

吉田茂が政権復帰するのを阻止すべく吉田が総裁の民主自由党で幹事長を務める山崎猛の擁立が図られた工作事件です。総辞職した芦田均内閣の後継は吉田茂とほぼ決まっていましたが、GHQ民政局のケーディス次長らが吉田を嫌い、GHQの意思としては山崎幹事長総裁を首班とする内閣ならば

吉田茂（左）と鳩山一郎（右）

認めるという流れになったのです。

そこで吉田茂はマッカーサー総司令官に直談判し、「GHQとしてそういうことを考えているのであれば占領軍の命令なので仕方なく聞く。しかし、口頭ではだめだ。文書で出してくれ」といった趣旨を伝えました。マッカーサーは「そんなつもりはない」と答えたので吉田の首は繋がり、第二次吉田内閣が発足しました。その後、六年半の長期政権を築きますが、まさに「文書術は身を助く」です。

吉田茂はアーカイブを利用して身を守りましたが、吉田自身は部下がメモをとることを禁止していました。後に、「言った」「言わない」の対立をコントロールできなくなるからです。芦田均という政治家は何でもかんでもメモをとり、吉田の言質《げんち》をとったような態度をとる人でした。吉田とはきわめて仲が悪かったということです。

また、吉田茂には文書にまつわる、おもしろい逸話があります。一九四六年、GHQ占領下で公職追放の対象となった鳩山一郎との間に政権移譲の約束が交わされたことがありました。巻紙だったといわれていますが、約束は文書で交わされ、「閣僚の人事に口出しない、金の面倒はみない、嫌になればいつでも辞める」という吉田の三条件と、「公職追放が解けたらすぐに政権を渡す」という鳩山側の条件が書いてあったといいます。『鳩山一郎回顧録』（鳩山一郎、文藝春秋新社、一九五七年）には「四カ条かの書いたものを向こうから持って来た。この書いたものはその後何うなったか、紛失してしまったが」とあります。

文書の重要性に対する認識の温度差というものでしょうか。政権をめぐる吉田と鳩山の抗争は三年に及びますが、鳩山が約束の文書を保管していて、吉田の約束やぶりに対して突きつければ、どうなったかわかりません。吉田は三年も粘れなかったでしょう。

世界的に支配的な公文書の定義

「意思決定に関与した文書」が、世界的に支配的な公文書の定義です。文明国の公文書管理においては、この定義が用いられています。

「公文書規則に従って作成された文書」「決裁のある文書」では狭すぎるし、「その公的機関の、内部で作成された文書」「その公的機関に、一度でも入った文書」では広すぎます。「意思決定に関与した文書」は、曖昧だけれども、「公文書規則に従って作成された文書」と「決裁のある文書」は自動的に含まれますし、「その公的機関の、内部で作成された文書」も「その公的機関に、一度でも入った文書」も拾うことができます。曖昧であるがゆえに幅があり、かつ自分の頭で考えて決めねばならず、学問体系としてアーカイブが発達してきたとも言えるでしょう。

保存価値がないものまで残せという、政治批判を旨とするアーキビストの皆さんの言うことを聞くわけにはいきません。現在、外務省からだけでもリヤカーで山盛りのファイルが送られてくると聞きます。取捨選別が必要です。

ではどうやって選別するかの基準が、「意思決定に関与した」か否かなのです。また、「意思決定に関与した文書」という公文書の定義は、曖昧であるがゆえに想定されてない事態が発生した際に公文書館が指導できるというメリットを生みます。

たとえば、「文書」の定義です。ファクシミリの用紙に代表されますが、感熱紙が意思決定に関与する文書に使われることがあります。感熱紙は時間が経つと文字が薄れ、消え

郵便はがき

お手数ですが
切手を
お貼りください

150-8482

東京都渋谷区恵比寿4-4-9
えびす大黒ビル
ワニブックス 書籍編集部

お買い求めいただいた本のタイトル

本書をお買い上げいただきまして、誠にありがとうございます。
本アンケートにお答えいただけたら幸いです。
ご返信いただいた方の中から、
抽選で毎月5名様に図書カード(500円分)をプレゼントします。

ご住所 〒

TEL(- -)

(ふりがな)
お名前

ご職業

年齢 歳

性別 男・女

いただいたご感想を、新聞広告などに匿名で使用してもよろしいですか? (はい・いいえ)

※ご記入いただいた「個人情報」は、許可なく他の目的で使用することはありません。
※いただいたご感想は、一部内容を改変させていただく可能性があります。

●この本をどこでお知りになりましたか?(複数回答可)

1. 書店で実物を見て　2. 知人にすすめられて
3. テレビで観た(番組名:　)
4. ラジオで聴いた(番組名:　)
5. 新聞・雑誌の書評や記事(紙・誌名:　)
6. インターネットで(具体的に:　)
7. 新聞広告(　新聞)　8. その他(　)

●購入された動機は何ですか?(複数回答可)

1. タイトルにひかれた　2. テーマに興味をもった
3. 装丁・デザインにひかれた　4. 広告や書評にひかれた
5. その他(　)

●この本で特に良かったページはありますか?

[　]

●最近気になる人や話題はありますか?

[　]

●この本についてのご意見・ご感想をお書きください。

[　]

以上となります。ご協力ありがとうございました。

てしまうので、「写して残せ」との指導が行われていたそうです。ある意思決定に関与した文書が感熱紙ならば、消える前に複写せよということです。

今の役所の考え方では、例えば官僚が政治家などと会ってメモをとった場合、そのメモは単なる私文書であり、それを整理したものが公文書になるのだそうです。しかし、その場合、大事なことをメモにしておき、後に整理して公文書とすることで、関係者に対して、言うことを聞け、という悪用もできてしまうことになります。これを認めてしまうと、責任を伴うことなく権限を行使すること、権力を行使することができてしまいます。

行政が巨大化すると、文書の大量処理ができなくなってきます。何でもかんでも保存していたなら、何が大事かわからなくなっていくばかりです。かといって、恣意的な運用の温床になってしまうのは問題です。

一方、決裁文書だけを公文書だとすれば、その途中経過は捨てていいのだという解釈も生じます。一方、これはただの私文書だから公文書としては残さないと言いながら情報公開しなければ、それによってその文書の影響力が正しく分析されないということも起きてしまいます。

第三章
実践文書管理

公の財産としての私文書、近代史では日記と手紙

日本近代史研究は、私文書の収集と検討から始まりました。これは間違いなく、伊藤隆東京大学名誉教授の多大な功績によります。

近現代史に関係した政治家の史料を収集・保存・整理・公開する機関は国立国会図書館憲政資料室です。憲政資料室に保存されている史料の過半は伊藤隆先生が遺族を回って集められたご尽力によるものです。

近代史の私文書の中心は、日記と手紙です。

電話の普及によって手紙の使用頻度が下がったとはいえ、当時は非公開だった情報が詰まっています。明治だと伊藤博文の書簡集が編纂されましたが、『伊藤博文関係文書』（塙書房翻刻）は明治史研究の中心となります。

日記は本人しか知りえない情報の宝庫です。敗戦直後には、原敬の日記が公刊されましたが、当然ながら『原敬日記』は大正政治史研究の中心となります。

歴史研究は「当事者が死んで三十年たってから」と言われたものでしたから、昭和史研

究は遅れました。しかし、多くの史料収集によって、研究は進んでいます。

近現代史は史料が膨大なので、情報も多く、研究がしやすい面はあります。ただ、諸外国のように、政治家が引退した後に回想録を書く慣習はありません。この場合の回想録とは自分に都合の良い事実を言い訳代わりに並べるのではありません。「あらゆる史料を使って事実を再現する」という歴史学の立場に立った回想録です。政治家のような社会の指導者たる人に歴史学の素養がある人が少ないのが理由でしょう。それどころか、自分が現用で使用した文書の歴史的価値に気づいていない人もいます。

二〇一五年五月六日付の『産経新聞』に象徴的な記事がありました。

一九七六年、当時の三木武夫首相を退陣させる三木おろしが画策され、福田赳夫がライバル関係にあった大平正芳と、「三木の後は福田が総理になり、二年後に大平に譲る」との内容の密約を結んだとする、いわゆる大福密約が話題になりました。密約は文書で用意され、福田と大平、立会者の福田派・園田直、大平派・鈴木善幸の署名と花押または印があったとされています。

この貴重な文書は園田直の次男である園田博之氏が所持していたのですが、博之氏は産経新聞の取材に対して「あの紙はどこかにいってしまった」と返答し、「あれを『密約』というのは疑わしい。文章を見ればわかるが、署名が本人のものとは思えない。となれば、文章も本物にはならない」と述べ、失くした理由を「大切なものとは思わなかったから」と説明したのです。

私文書（しぶんしょ）はいずれ公文書（こうもんじょ）になり文書（もんじょ）として重要な意味を持つ可能性があることを理解していない典型的な例です。私文書（しもんじょ）として残しておくことはかまいませんが、それでも公の財産なのだという意識が必要です。勝手に捨ててはいけません。

たとえば、落札したゴッホの絵は確かに私有物ですが、それに落書きしていいのかと言えば、許されることではないでしょう。それと同じことです。

一方で、文書保存を組織防衛と考えている人たちもいます。

日本自治体労働組合総連合（自治労連）は、日本の労働組合の連合体として知られています。自治労連のアーカイブは評判です。ウェブサイトに「自治体労働運動資料室」として一部ネット公開されていますが、過去の政府との協定書がすべて保管されているそうです。

いずれ文書は文書（もんじょ）として重要な意味を持ってくるということがわかっていれば、書類を失う、失くすということはありえません。

ところで、自治労連が保存している文書は公文書でしょうか、私文書でしょうか。自治労連は政府の機関ではありませんから、自治体労働運動資料室に保存されている文書は私文書でしょう。同じものが政府に保存されていたら公文書でしょう。

文書には「伝来の素因」があります。伝来の素因とは、「その史料がどのように発生して、どのような経緯をたどって、現在の場所にあるかの来歴」です。文書の血統書ですが、これがなければ、その史料が本物か否かの判定ができません。最終的に保存された場所によって、同じ文書が公文書であり、その写しが私文書とされることもあります。そういう意味で、自治労連が保存している政府との協定書は私文書といって差し支えありません。

しかし、自治労連の感覚は、公文書でしょう。自治労連の幹部の誰かが、それを個人の持ち物のように扱うことはあり得ないでしょう。園田博之氏のように「どこかにいってしまった」などと言えば、間違いなく責任問題になるでしょう。

ここで公と私の境界です。

普通の日本人は、公とは政府、官のことだと思っていると思います。でも、会社や銀行を単なる私的団体とは思わないでしょうし、個人や家族のような私的な集団と違うとみなしていると思います。

こうしたことを考えるためにも、文書の基本的なルールをお話ししましょう。

公文書のライフサイクル：現用から評価選別と保存公開

文書にはライフサイクルがあります。

基本的には、現在使われているという段階の現用段階があり、それを残すか捨てるかの評価選別があり、その文書が公文書館に行って保存公開される、という流れになり、これが公文書のライフサイクルです。整理すると次のようになります。

①現用→②評価選別→③保存公開

　詳しくは中間段階があって細かく言おうとすればいくらでも細かく言えるのですが、基本的には大きく右記の三つです。
「現用」はあたりまえのことですが、現用だから官庁が行います。ただし、日本の公文書管理には異常と思われる点があります。公文書管理法の第五条の五に次の条文があります。

　行政機関の長は、行政文書ファイル及び単独で管理している行政文書（以下「行政文書ファイル等」という。）について、保存期間（延長された場合にあっては、延長後の保存期間。以下同じ。）の満了前のできる限り早い時期に、保存期間が満了したときの措置として、歴史公文書等に該当するものにあっては政令で定めるところにより国立公文書館等への移管の措置を、それ以外のものにあっては廃棄の措置をとるべきことを定めなければならない。

　つまり、現用官庁は公文書を廃棄していいという条文です。この規定がある一点で公文書管理法という法律は全く無意味だと言っている人もいるほどですが、それはある意味で正しい意見です。捨ててしまえば、情報公開などしなくていいですから。

松岡資明氏は前掲『公文書問題と日本の病理』一〇六ページで次のように述べています。

二〇〇九年、公文書管理法案の国会審議が始まる前、一部の学者、市民は「こんな管理法ならない方がまし」と批判した。主に、「行政機関の長には文書を公文書館に移管するか廃棄するかを判断する権限がある」とした一文をもってのことである。

ちなみに、国立公文書館の業務つまり国立公文書館の設立目的は、国立公文書館法第一一条で、次の八つであるとされています。

一．特定歴史公文書等を保存し、及び一般の利用に供すること。

二．行政機関（公文書等の管理に関する法律第二条第一項に規定する行政機関をいう。以下同じ。）からの委託を受けて、行政文書（同法第五条第五項の規定により移管の措置をとるべきことが定められているものに限る。）の保存を行うこと。

三．歴史公文書等の保存及び利用に関する情報の収集、整理及び提供を行うこと。

四．歴史公文書等の保存及び利用に関する専門的技術的な助言を行うこと。

五．歴史公文書等の保存及び利用に関する調査研究を行うこと。

六．歴史公文書等の保存及び利用に関する研修を行うこと。

七．一～六に附帯する業務を行うこと。

八．内閣総理大臣が必要と認めた場合に、行政機関の行政文書の管理について、状況の報告、資料の徴収、実地調査を行うこと。


つまり国立公文書館の目的は公文書の保存、閲覧、展示であって、そこに文書の整理および整理する技術の追求といったことは入っていません。どこまでいっても「こうもんじょかん」であって、「こうぶんしょかん」ではないのです。

では、法律にはどう書いてあるか。

国立公文書館法（平成十一年法律第七十九号）

第一条　この法律は、公文書館法（昭和六十二年法律第百十五号）及び公文書等の管理に関する法律（平成二十一年法律第六十六号）の精神にのっとり、独立行政法人国立公文書館の名称、目的、業務の範囲等に関する事項を定めることにより、歴史公文書等の適切な保存及び利用に資することを目的とする。

ここに書いてある「文書」の読み方はすべて「ぶんしょ」ですが、言っている中身は「もんじょ」です。国立公文書館は「歴史公文書」を扱う機関とされています。

では、この条文に出てくる「公文書館法」「公文書等の管理に関する法律」では、どのように書かれているでしょうか。

公文書館法（昭和六十二年法律第百十五号）

第一条　この法律は、公文書等を歴史資料として保存し、利用に供することの重要性にかんがみ、公文書館に関し必要な事項を定めることを目的とする。

ここで「歴史資料」とありますが、前章までに解説した意味をわかって使っているのか不安です。そのまま読めば「既に効力のなくなった文書（もんじょ）を、資料として利用する」と読めます。つまり歴史的に貴重な文書（もんじょ）を残すのは、将来の意思決定に役立てるためだ、と読めます。

公文書等の管理に関する法律（平成二十一年法律第六十六号）

第一条　この法律は、国及び独立行政法人等の諸活動や歴史的事実の記録である公文書等が、健全な民主主義の根幹を支える国民共有の知的資源として、主権者である国民が主体的に利用し得るものであることにかんがみ、国民主権の理念にのっとり、公文書等の管理に関する基本的事項を定めること等により、行政文書等の適正な管理、歴史公文書等の適切な保存及び利用等を図り、もって行政が適正かつ効率的に運営されるようにするとともに、国及び独立行政法人等の有するその諸活動を現在及び将来の国民に説明する責務が全うされるようにすることを目的とする。

この中で、「公文書等の管理に関する基本的事項を定めること等により、行政文書等の適正な管理、歴史公文書等の適切な保存及び利用等を図り、もって行政が適正かつ効率的に運営されるようにする」とあります。既に効力のなくなった史料をアーカイブするだけでなく、現用の資料を使いやすくするレコードマネージメントの技術の発展に寄与する役割がある、と読めます。

国立公文書館の実態がどんなものか知っている人は「もんじょかん」だとしか思わないでしょうが、理念としては「ぶんしょかん」を今でも目指しているのです。

二〇一九年一二月、政府の公文書管理委員会で、新たな国立公文書館の開館が予定される二〇二六年までに一〇〇〇人のアーキビストの養成を目指すという方針が示されました。公文書の問題で振り回され続けた安倍内閣の置き土産です。ならば、単に現用官庁から史料を移管してもらうにとどまらず、現用の資料の整理の仕方を指導できる人材を育成した方が良いと思います。

ただ、第一弾として一〇〇人のアーキビストを二〇二〇年の九月に募集開始しましたが、書類審査だけであり、実務試験といったものは含まれていません。

単なる数値目標に終わらないことを祈ります。

政府職員のメールを廃棄してよいか

アメリカに「キャップストーンアプローチ（Capstone Approach）」というシステムがあります。国立公文書記録管理局（NARA）が開発した、政府職員の電子メールを自動的に保存するシステムです。意思決定に権限を持つ上級幹部職員のメールは永久保存され、それ以外の職員のメールは七年間保存の後に残すべき理由がなければ廃棄するように設定されています。

日本において政府職員のメールの扱いはどうなっているでしょうか。二〇一七年五月一六日の第一九三回国会・参議院財政金融委員会第一三号の議事録に、当時大臣官房総括審議官だった財務官僚の太田充氏の次の答弁があります。

財務省本省内の電子メールのデータについては、メールサーバーの容量等々もあって、一定期間、六十日を経過したら自動的に消去、削除されるということを申し上げてきております。

ただ、いずれにいたしましても、財務省におきましては、公文書管理法という規定がございますので、その規定にのっとりまして、保存が必要な行政文書等につきましては紙媒体等において規定にのっとって適切に保存しておるというふうに考えておるところでございます。

財務省では、大臣・副大臣・政務官の政務三役は政治家が就くので、いわば「お客さん」です。財務官僚のトップは事務次官です。財務省は出世ルートが決まっていて、ナンバー2が主計局長、ナンバー3が官房長、ナンバー4が官房総括審議官です。前にお話しした「スパイ課長」とも言われる文書課長の上司は官房長と総括審議官です。太田さんも事務次官になりました。その太田さんも、ただ事実を述べているだけです。キャップストーンアプローチを知らないのか、あるいは知っていて導入する気が無いのか。

また、二〇一八年一月二五日に城井崇衆議院議員が公用電子メールの廃棄に関する質問主意書で「昨年五月の参議院財政金融委員会で、財務省はメールを六十日で自動廃棄しているいると答弁しているが、昨年六月の同省の情報システム更新後もメールの六十日廃棄を続けているのはなぜか」と聞いています。

同年二月二日付の政府の答弁は次の通りでした。

平成二十九年六月の財務省行政情報化LANシステムの更改後も、引き続き、メールサーバーの容量には限りがあることから、財務省本省では、行政文書として保存が必要な電子メールについては、公文書等の管理に関する法律（平成二十一年法律第六十六号。以下「公文書管理法」という。）等の規定に基づき、適切な記録媒体により保存した上で、一から三までについてでお答えしたとおり〔注・城井崇議員の質問は五項目あった〕、送信又は受信から六十日が経過した電子メールをメールサーバーから自動で削除している。

財務省において業務メールは六〇日間での削除が義務付けられている、ということです。

これは、結局は組織知の弱体化につながります。キャップストーンアプローチを導入した方が財務省の為になると思うのですが、「公文書」と聞いた瞬間に身構えてしまうのでしょう。財務省においても、メールを勝手に捨てているという状態です。

日本がいかにアーカイブ後進国であるかの証左でもあるのですが、その後進性は、公文書を扱う側への批判、叩き方がいかに頓珍漢なものであるか、ということもまた物語っています。城井議員などは、攻めどころを知っていた数少ない例外と思い、紹介しました。民間から適切な提言がなければ、実は役所も動くことはできません。

二〇二〇年四月六日第二〇一回国会・衆議院決算行政監視委員会第二分科会第一号の議事録に、立憲民主党の川内博史衆議院議員が森友問題に関連して決裁文書の書きかえ案を本省と近畿財務局との間でやりとりをしたメール等のやりとりの文書の一式の提出を求めた質疑に対し、当時理財局長の可部哲生氏が次のように答弁しています。

メールは一般的に、書き手の主張が一方的に宛先に伝達されたものでございまして、電話や会話などのさまざまなコミュニケーション手段の一部にすぎず、また、より日常的な担当者レベルの率直なやりとりが記載された未成熟な情報が含まれている文書でございます。これを一部でも公にいたしますと、職員が萎縮して、本来記載すべき率直なやりとりや報告事項などを記載することを控えるようになり、率直な意見交換が不当に損なわれるおそれや、国有地売却等の事務の適正な遂行に支障を及ぼすおそれがありますため、情報公開法上の不開示情報に該当すると考えており、お示しをすることは差し控えさせていただきたいと考えております。

可部氏はそれが駄目なんだと言われても、長年の習慣はなかなか変えられないでしょう。完成された一〇〇点満点の答案以外は見せたくない、一枚ものの完成品だけを見せたいという誤ったエリート主義、官僚無謬性神話の保身意識がきわめて露骨に表れている答弁だと言えるでしょう。

この、官僚無謬性神話自体が官僚を苦しめているということが指摘されなければいけません。官僚といえども人間なのだから過ちはあって当然だという、あたりまえの常識です。

もっとわかりやすく言うと、医者に結果責任などは求められないというところから考えなければいけません。人間はいつか必ず死ぬものであり、医者には、すべての人命を救えなどということは求められていません。求められるのは途中経過におけるベストへの努力であって、官僚に求められる倫理は医者に求められる倫理と一緒です。

過剰な無謬性を自ら守ろうとするから、「国会に出した法案に誤植があった」と野党どころか与党からも追及される始末です。そんなことを問題視する国、日本以外にあるのでしょうか。

日本でも民間企業では、何か会社の重要な方針を議論するとき、ペーパーに誤植があることを声高に問題視したら、何を考えているのだと思われます。もちろん誤植が無いに越したことはないのですが、本質ではありません。

そもそも、政府の官僚が議会に出した文書に誤りがあれば、政治家が指摘すればいいのです。政治家の方が官僚に対し「完璧な文書を出せ！」と要求していること自体が、官僚の無謬性を前提としているのです。

いいかげん、官僚を無謬性から解放することが、官僚たちの為でもあると政治家に気付いてほしいのですが。

世界のアーカイブ、模範国スウェーデンから中国まで

世界の公文書の運用はどうなっているのか、米国アーキビストアカデミー公認アーキビストの小川千代子氏の『世界の文書館』（岩田書院、二〇〇〇年）を参考にお話ししたいと思います。以下すべてが『世界の文書館』に書いている訳ではないので、ご注意を。

まず、この本のタイトルはどう読むのでしょうか。奥付を見ると、「ぶんしょかん」とルビがふってあります。

このような時に、本の奥付はとても大事です。最近は曖昧になっていますが、以前はどの出版社も必ず奥付の書名にルビをふっていました。本書の編集を担当されているワニブックスの川本悟史氏は、担当した書籍の奥付の書名には今も必ずルビをふるように心がけているといいます。分類作業に影響するので、本当は常に図書館から要望されているとのことです。

ちなみに、アーカイブにおける整理の概念は、図書館分類とは全く違います。図書館分類は分野に視点が置かれますが、アーカイブの視点は意思決定であり、いろいろな分野が

錯綜します。

アーカイブにおいて、模範的な国とされるのはスウェーデンです。一六一八年、つまり三十年戦争が始まった年に国立文書館が設立されました。時の国王グスタフ・アドルフは歴史、科学、技術など広範な分野にわたって書籍や地図を収集していました。「文書館」であって「公文書館」ではないところに注意してください。私文書も保管されている、つまり、「私文書だから保存しなくていい」という言い訳をさせないのです。現在、重要文書は核シェルター内に永久に残されます。

フランスは一七八九年のフランス革命以来、何度も革命が起きている動乱の国ですが、官僚機構がしっかりしているので国としては崩壊せずに支えられているとよく言われます。フランスの国立中央文書館は、フランス革命の翌年一七九〇年に企画され一七九四年の法令で設立が決定されています。フランスという国は首都のパリ以外はすべて田舎です。そして、何でもかんでもパリの官僚が決めてしま

グスタフ・アドルフ

います。文書管理もまたパリの官僚指導の下に行われています。

ドイツ連邦公文書館は一九五二年に設立されました。ベルリンの壁が崩壊して一九九〇年に統合された東ドイツの文書は、すべてここに移管されています。その警備には国境警備隊があたっているそうですが、ドイツにおける文書の重要性の認識度を物語ってもいるでしょう。文書には、暗号化されて何重にも鍵がかかっていて、中には今も解けないものもあるようです。

フランス国立中央文書館

イギリスでは、資料保管オフィス（PRO）をはじめ複数の機関として存在していた文書館が現在、二〇〇三年に設立されたイギリス国立公文書館（The National Archives United Kingdom、TNA）に統合されています。文書管理は大法官の管轄です。大法官は、総理大臣よりも宮中序列が高い官職です。貴族院議長であり、つい最近まで最高裁長官を兼ねていて、検察機能以外、法務大臣、それに内閣法制局長官も兼ねているというような、「歩く三権分立の例外」とまで言われる役職です。

イギリス国立公文書館

国立公文書館はエージェンシー化してからも巨額の予算と独自の人事給与権限を持っている巨大官庁です。

オランダもまたアーカイブの先進国です。国立文書館のウェブサイトを閲覧してみるとわかりますが、アーカイブとは何か？　アーカイブを行うためには？　といった手引的なコンテンツまでが充実しています。オランダはかつて世界の覇権を握った国であり、近代国家と近代行政の確立のためにアーカイブは必要であるということを認識していました。オランダのアーカイブは世界から尊敬されています。

カナダもまたアーカイブ先進国です。小さい国で、それほど作業量が多くないので整理しやすいという側面もあるようです。

アメリカ合衆国は、かつては先進国でした。一九三〇年代に展開されたニューディール政策で大きな政府となり、業務が肥大化しすぎてアーカイブ学の観点からすると先進国ではいられない状態となりましたが、もともとはアーカイブ大国です。国立公文書館（NA

RA）が設立されたのは一九三四年です。アメリカは歴史が浅いのでかえって歴史マニアとなります。そういう意味ではオーストラリアも同じく歴史マニアで、同国もまたアーカイブ先進国のひとつに数えられています。

中国でアーカイブは、「档案（とうあん）」と言います。『デジタル時代のアーカイブ』（小川千代子・編、岩田書院、二〇〇八年）に中国史家の大澤肇氏が「中国・台湾におけるデジタルアーカイブ」というタイトルの論文を寄せており、「档案は本人が見ることができないにもかかわらず、個人の家族構成、学歴、職歴、犯罪歴、政治的傾向まで書いてある。文革期には奪い合いをやっていた」と述べています。どうでもいいことですが、大澤氏はアジア歴史資料センター勤務時代の私の同僚です。

ここで気づきましたでしょうか。日本の公文書管理は「国民主権」「民主主義」を強調しますが、アーカイブは民主主義国だけのものと考えるのは誤りです。秘密警察が存在するような国は、むしろアーカイブ先進国です。

秘密警察が優れている国はアーカイブ先進国であるという、その一事でもって、アーカイブは安全保障であるということがおわかりいただけるでしょう。

大丈夫？　日本のアーカイブのレベル

二〇〇三年、福田康夫官房長官（当時）が「歴史資料として重要な公文書等の適切な保存・利用等のための研究会」を立ち上げ、視察のために研究員を、アメリカ、カナダ、中国、韓国に派遣したことがあります。報告は後に「公文書等の適切な管理、保存及び利用に関する懇談会」で検討され、「公文書等の適切な管理，保存及び利用のための体制整備について――未来に残す歴史的文書・アーカイブズの充実に向けて――」という報告書にまとめられました。同報告書の中に次のような報告があります。

諸外国においては、国立公文書館を国家存立の基本的な機能であると理解して制度が整備され、運用がなされている。国立公文書館の体制について、職員数を比較すると、我が国が42人にとどまるのに対し、米国２５００人、カナダ６６０人、イギリス４５０人、フランス４４０人、中国５６０人、韓国１３０人となっており、日本の公文書館は諸外国に比べ、けた違いの規模にとどまっており、体制の差は歴然としている。

さて、ここにあげられた数字に誇大報告があります。誇大報告の本場と言えば韓国です。ただし、ここにあげている数字は本当の数字です。

実は、日本が水増ししているのです。報告書には「職員」とあって、それがただちにアーキビストを指しているものかどうか明らかではありませんが、日本の国立公文書館の場合、四二人というのはまさにほぼ職員の数で、アーキビストの実態は八人程度だったはずです。五倍以上の数の水増しを行い、それでもまだ韓国の三分の一といったようなみっともない状態だったのです。

福田康夫

小川氏は『世界の文書館』で、東南アジアは植民地の伝統があり、日本よりも「ぶんしょかん」の原則に基づいて文書館が運用されていると言いきられています。文書管理において、日本は東南アジアに負けているということです。欧米に負け、中国と韓国と東南アジアにも負けてアジアでも全滅です。

日本と対等と思われるのは、ネパールです。国立文書館の職員四八名中一三人が専門職つまりアーキビストです。ネパールは南アジアの中でも所得水準の低い国として知られています。そうした国の、役所の序列としては最低の位置にある国立文書館と、日本の国立公文書館は並びます。アーカイブに対する日本の意識はこのレベルである、ということです。小川氏があえてネパールを紹介したのは、日本の公文書館が同レベルだと言いたいからだったとしか思えません。

日本には国立の主要な公文書館として、国立公文書館と外交史料館と防衛研究所と宮内庁書陵部があり、地方にも存在します。しかし、相互連携が十分ではないまま、それぞれに事業が展開されています。国立公文書館が他の史料館や地方の文書館に統一的な基準で指導しているならば、問題はないのですが。

小川氏の『世界の文書館』には、セネガルの事例もあげられています。セネガルの文書館では、アーカイブの素人が目録をつくっており、図書館式の分類表にあてはめるという、アーカイブで最もやってはいけないことをやっているという状態だとか。収蔵物は研究者の寄贈に頼っているような状況もあり、専門職のアーキビストは館内資料の整理で手一杯で何もできないといった状況にもあります。文書館（もんじょかん）

機能しかなく、文書館（ぶんしょかん）機能は皆無、記録も図書も同列扱いで、構想二五年の末、一九六〇年に口承文化の記録化を開始したとか。

さらにジンバブエ国立文書館のサムエル・ジョバンナ前館長が、「大金をはたいて海外研修に送り出すだけが研修ではないでしょう」と嘆いているのが紹介されています。故人なので名を秘しますが、海外を視察してその国の一番ダメところだけを集めさせてくることで、日本はこれで間に合っているという報告書を書くのが常な、アーカイブに関係していた官僚を知っています。

小川氏の『世界の文書館』は二十年前の著作ですから、まさか今の日本がネパール・セネガル・ジンバブエのようなことはないと信じたいですが。

公文書を巡る諸問題と左翼のタワゴト

前にもお話ししましたが、アメリカでは大統領ごとに図書館という名前の公文書館（こうもんじょかん）を作ります。イリノイ州にはエイブラハム・リンカーン大統領図書館があり、マサチューセッツ州のボストンにはJ・F・ケネディ図書館があり、カルフォルニア州にはリチャード・ニクソン大統領図書館がある、といった具合です。

歴代の政権がやっていたことの資料をすべて、FAXからメールから録音テープから文書（もんじょ）となったものもすべて収蔵します。一人の研究者が一人の大統領の資料を一生かけて見る、そんな作業に十分に応えられる施設です。もちろん当初は目録もなく、また目録を作成することも難しいので、アーキビストの整理方法論が重要になります。

日本人は、一個の資料があれば、その資料に書かれている内容だけを読みがちです。しかし、中身は後です。アーカイブにおいては、本来、全体像を掴んで目録を作るという作業をしなければいけません。中身にしか興味のない日本人は、たとえば、官僚個人のLINEのタイムラインを公文書（こうぶんしょ）にすべきかどうかといったことに悩みます。仕事に関わったものはまずはすべて出すべきだという大局観がありません。

LINEのタイムラインを公文書（こうぶんしょ）にすべきかと言われれば、確かにすべてをそうする必要はありません。原則的にはしなくていいと思います。しかし、意思決定に関わる、あるいは残すべき重要な理由があると思えば、自ら「こういうものがあったので」と言って公文書として提示するというのも官僚の処世術としてあってしかるべきだと思います。証拠であり、また、実績というものでもあるからです。

現在、ＬＩＮＥもメッセンジャーもメールも全くといっていいほど同一の使い方がされています。したがって、本当であればそのすべてにわたって、重要なものはすべて保存しなければいけません。ＬＩＮＥなどの通信アプリは個人管理であるため公文書の定義からははずれるという見方もあるようです。また、二〇二〇年、自民党の「ルール形成戦略議員連盟」がＴｉｋＴｏｋなどの中国製アプリの利用規制を政府に申し入れ、こうした規制申し入れは、韓国に情報漏れの可能性のあるＬＩＮＥにも及ぶのではないかと言われています。とはいえ、現実問題としてＬＩＮＥは新型コロナウイルスに関する情報発信をはじめ行政サービスにもすでに積極的に使われているアプリです。

「隠すな、捨てるな」は左翼勢力の常套句ですが、日弁連の副会長を務めていた弁護士の三宅弘氏が、記録を全て残せなどという理想論を押し付けても無駄であるからそれはやめようとも言い出しています。極左で知られる日弁連までもが言わなくなっていることをアーキビストの大家が未だに言っているのは困ったものでもあります。

デジタルアーカイブの諸問題

中国では日本よりもはるかにデジタルアーカイブが重視されています。

台湾も同様です。中国と台湾は政治的に認め合っていないだけで経済と文化は交流が激しい間柄です。

アジア歴史資料センターでインターネット公開されている資料は、国立公文書館資料も含めてすべて白黒画像です。

ところが国立公文書館に保管されている行政文書においては罫線が赤か青かという点に意味があるものがあります。カラーでなければ意味がないものもあるのに予算の関係で日本は白黒であり、台湾はカラー画像での公開です。そういう状態であってもネット上公開だけで実物を見ることができないのはいかがなものか。

台湾では、蒋介石関係の個人文書（もんじょ）以外は実物を含めての全面公開で、最近は、二〇一〇年原則公開が普通だそうです。

これは何？　あれは何？　公文書の定義を巡る諸問題

文書管理の業務の内容として、起案、供覧、決裁、施行という言い方があります。収受、起案、供覧、決裁、施行という分け方もあるようです。細かい技術で言うと、現用、半現用、非現用でも分けられます。

前出の小川千代子氏によれば、国立公文書館は最初、国立「文書」館構想だったそうです（『アーカイブを学ぶ—東京大学大学院講義録「アーカイブの世界」』岩田書院、二〇〇七年）。公文書管理法第二条には公文書の定義があります。《「公文書等」とは》として、「一　行政文書」、「二　法人文書」、「三　特定歴史公文書等」が公文書であると書かれています。

行政文書に含まれないものとして、「官報、白書、新聞、雑誌、書籍その他不特定多数の者に販売することを目的として発行されるもの」、「特定歴史公文書等」、「政令で定める研究所その他の施設において、政令で定めるところにより、歴史的若しくは文化的な資料又は学術研究用の資料として特別の管理がされているもの」が挙げられています。「等」

書きがあるので明らかにしておく必要があるのですが、備忘録や一時的なコピー、検討段階の書面や刊行物など、法律には原則として含まれないとしてあるものの「意思決定に関与したものは含む」という運用がなされる必要があるでしょう。特に検討段階の書面や備忘録は、意思決定の途中経過には欠かせないものです。

公文書管理法には、途中経過を残さないという意思が見られるのです。ただし、その四条で、作成しなければならない文書が五つ挙げられています。

一　法令の制定又は改廃及びその経緯

二　前号に定めるもののほか、閣議、関係行政機関の長で構成される会議又は省議（これらに準ずるものを含む。）の決定又は了解及びその経緯

三　複数の行政機関による申合せ又は他の行政機関若しくは地方公共団体に対して示す基準の設定及びその経緯

四　個人又は法人の権利義務の得喪及びその経緯

五　職員の人事に関する事項

　そのうえで公文書規則に則ったものが公文書となるわけです。しかし、現実的な話として、たとえばツイッターでの発信も組織の広報等を目的として行われたものならば保存対象になるのではないか、という問題もあるでしょう。

第四章
日本史における公と私

官が公、民が私と考えられている日本

今の日本の公文書は、「官文書」という意味合いが強くなっています。官と民という言葉が一般的には広く使われていて、イメージとして、官が公（おおやけ）、民が私（わたくし）に取って替わっています。

たとえば銀行なんかで使う契約書などは公文書とは呼ばれずに公的文書といいます。私文書ではないけれども銀行は官ではないので、公文書ではないという位置づけです。日常的に使っている言葉遣い自体が「公＝官＝官僚」のイメージで、こういうところにも日本が官僚国家としてやってきた歴史が見られます。

普通の国であれば、裁判所文書や議会文書も、さらに言うと政党文書も公文書に入れます。日本の公文書管理法においては、公文書の定義は行政文書、法人文書、特定歴史公文書等となっていて、行政文書は役所つまり行政機関の文書、法人文書は独立行政法人等の文書、それに特定歴史公文書という名前の「こうもんじょ」です。立法、司法、地方公共団体が作成した公の文書も公文書と呼ばれています。行政文書に含まれないものは備忘録、

一時的コピー、検討段階、刊行物です。

注意しておきたいのが歴史公文書等の定義です。国立公文書館、宮内公文書館、外交史料館の文書（もんじょ）は歴史公文書ですが、防衛研究所の文書（もんじょ）は等（など）の仲間入り、つまり等書き扱いされています。防衛省ならびに自衛隊の地位の低さがこんなところにまで表れているということになるでしょう。

公文書管理法に政党文書は出てきません。私文書ではないけれども公文書とは言わない、といったところでしょう。官の文書とそこから派生したものだけが公文書、そして、単なる私人と民間の中の公の部分という三つの領域があります。

官つまり官僚機構があります。官は行政のことですが、これは中央の行政府＋法人ということです。行政から派生して司法、立法、地方公共団体があります。

民間では、私（わたくし）と銀行などの団体があります。私と私、私と団体、団体と官、私と官が契約を結べば公（おおやけ）となります。

無限の私の関係の中から一部分を取り出すと公になる、つまり、派生した時は私だけれども特定の条件を得ると公になるということです。これは、生まれた時から公文書（こうもんじょ）となる前提の私文書がこの世には存在する、ということの説明でもあります。

本来、公は必ずしも官ではありません。では、政党はどこにあるのでしょうか。制定が検討されたこともありますが、日本には未だに政党法という法律はありません。政党を規定する場合には、国庫補助を受けようとする政党は法人格を持たなければならないとする政党法人格付与法を使います。

国家における政党の役割という理論があります。最初は単なる徒党であって、国家からは無視されます。勢力が大きくなってくると政府と敵対し、協力ということになります。最後は憲法編入です。

政党法については、多くの国は、憲法典に書いていなくても政党法自体を憲法の一部として扱います。政党とは与党になる、つまり政府を運営することを前提にしている団体ですから、政党文書も公文書だと考える国もあります。

ちなみに小川千代子氏は「今日のゲリラは明日の政権」と言って紛争地帯の文書保存に

言及しているほどです。

私は、選挙事務所でこそアーカイブが必要だろうと考えています。選挙事務所で交わされている情報は、秘密だらけです。現実問題として整理している暇などないかもしれませんが、アーカイブのことは知っておいた方がいいと思います。

強調しておきますが、本書は、文書管理とはつまり秘密保持を中心としたインテリジェンス、安全保障に大いに関わる技術であるということを確認することを目的としています。

つまり文書管理は、選挙事務所でも使える技術です。記録は身を守りますから。

公地公民の建前　大宝律令から荘園まで

欧米では教会が大きな力を持っています。あるいは、政府が信用できないからと、教会や財閥が権力を持つこともあります。公権力ではなく私権力を持つということです。ヨーロッパは、いわば財閥だった貴族を無理やり政府権力の下に押さえつけるために一〇〇〇年ないし一〇〇〇年の殺し合いをやってきた国がほとんどです。

今では、一つの政府の下に、軍隊も警察も裁判所もあります。一元的支配です。国家に属する人は、政府に従わねばなりません。しかし、そうした状態はどこの国でも、たかだか二百年もない出来事なのです。

日本もまた、最初から政府権力の下にまとまっていたわけではありません。どこまで遡ればいいかということになりますが、古事記・日本書紀の伝説の話を遡っても仕方がありません。歴史学的に明らかとされている古代史、教科書に出てくるのは、天皇が有力豪族を朝廷という公権力に封じ込める歴史です。大伴、物部、蘇我といった有力豪族が時の天皇をないがしろにするので最終的には蘇我氏を力づくで封じ込め、後に藤原氏が完全に朝廷の中に入り込みました、という話です。

古代の大和朝廷に対して最後まで抵抗した最大の実力者が蘇我氏です。蘇我氏が六四五年の乙巳《いっし》の変で中大兄皇子に敗れて屈服し、大化の改新や壬申の乱その他を経て七〇一年に大宝律令が成立しました。日本における公権力の完成です。

日本の公権力は律令制をとり、公地公民を原則として、日本国の土地と民は全て天皇陛下のものであって私物にしてはいけないとしました。これはものすごいことで、実際、建前だけではない運用を行っていきます。

確かに外国にも似たようなものがあり、そもそも律令制自体、中国の皇帝の下に敷かれていた制度ですが、中国の皇帝は長く続きません。地方の有力者は皇帝に従いません。だから皇帝は直属の役人を派遣してあの手この手で従わせるのですが、そうすると今度はその役人が地方で実力者となって皇帝に従わない、の繰り返しです。

日本の場合は、天皇が列島の末端まで従わせました。もっとも外国と比べると極めて平和だったと言っても、日本国内ではそれなりの葛藤があるのですが。

日本が大宝律令を整えた七〇一年以降、最も続いた中国の王朝は約三〇〇年間の清ということになるでしょうか。唐は三〇〇年弱、元は約一〇〇年、明は二五〇年強です。

大宝律令以後の一三〇〇年間、いろいろな紆余曲折があるものの、建前は生き続けました。明治二二年（一八八九年）、大日本帝国憲法および皇室典範の解説書として伊藤博文の名で『帝国憲法皇室典範義解』が刊行されました。現在は『憲法義解』という書名で知られています。

『憲法義解』では、大日本帝国憲法第二章「臣民権利義務」の解説として、歴代の天皇は

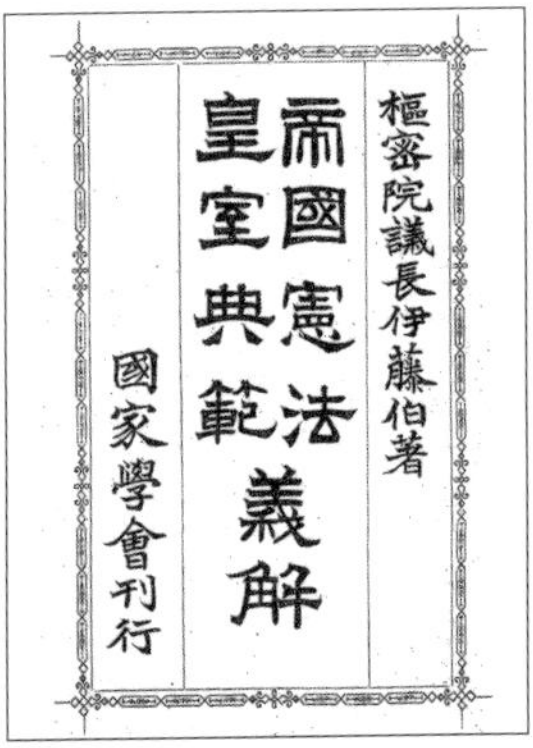
樞密院議長伊藤伯著
帝國憲法
皇室典範
義解
國家學會刊行

帝国憲法皇室典範義解
国立国会図書館より

臣民を愛重して詔を出す際などには必ず大御宝（おおみたから）と称し続けてきた、としています。臣民もまた自らを称えて御民（みたみ）として天皇の思いに応えたと解説し、その証拠として万葉集に収録されている次の歌を掲げています。

御民我（みたみわれ）　生けるしるしあり　あめつちの　栄ゆる時に　あへらく思へば
（万葉集巻六　九九六）

天平六年（七三四年）に、聖武天皇の詔に応えて海犬養岡麻呂（あまのいぬかいのおかまろ）が詠んだ歌です。

有力貴族も中下級貴族の官僚も平民も、全員が公の象徴であり天皇のもとにいるという建前は完全に崩壊はしませんが、やはり穴はすぐに開くというべきか、八世紀から荘園という私有地が登場します。私有地である荘園を持つ人達を権門と言います。具体的には、有力貴族と寺社を指しました。

権門が持つ荘園は公権力の介入を排除していきます。租税を収めない不輸、役人の立ち入りを認めない不入、いわゆる不輸不入の権は公権力介入の排除ということです。

天皇をも凌ぐ権力を持ったのが藤原氏でした。古代日本において七〇一年に律令制が完成したのはいいのですが、奈良時代のおよそ一〇〇年を通じて、公地公民のはずが荘園ができ、公権力が排除されていきました。藤原氏を中心とした権門の私権力が公権力を凌駕していきます。

藤原氏は摂関政治を始めました。天皇の外戚となって摂政や関白といった要職を独占し政治の実権を握っていくわけですが、形式上は天皇が最高権力者であり、官僚機構である太政官も健在です。建前では日本国のすべての土地は公有地なので天皇の官僚が入っていけるはずなのですが、現実として、日本は、官僚が権力を行使できない私有地だらけになりました。

言うなれば、治外法権の大使館が日本中にできているようなものです。

摂関家が発給する文書は公なのか?

八世紀以降は、日本中が荘園だらけになりました。公地公民の原則などどこかに行き、私有地だらけになりました。とはいえ、官僚機構つまり公権力は健在です。藤原氏は公権力も握っているし私有地も持っている二本立ての権力であり、こうした権力のあり方を権門体制といいます。最近の研究者の間では「権門公領体制」とも呼ばれています。

公権力も握っている強大な私権力同士の喧嘩で日本の政治は動いていき、藤原氏が連戦連勝します。政治の重要な決定は、朝廷ではなく、たとえば藤原道長邸など最高権力者の私邸で行われるようになります。朝廷は形式的な追認の場と化していくわけですが、とはいえそれも当然のことで、追認しなければ藤原氏の公権力は発生しません。

以上のことを文書管理の立場から見てみましょう。公権力である朝廷が発給する太政官文書は公文書です。これは、官文書と言い換えることができます。

そこで問題は、摂関家が発給する文書です。これもまた公文書であって、単なる私文書ではありません。摂関家を公的なものとして見なしているからというわけではなく、勝手にということではありながら公においても私においても最高の権力を持っている摂関家が発給した文書は公文書と同じだろうと皆がみなすようになったのです。実際、摂関家の邸で決めたことを、公権力である朝廷は追認するだけです。必ず追認されるとは限らないにせよ、大きな力を持つのは確かです。

摂関家、後に将軍家が出す公文書のことを御教書《みぎょうしょ》といいます。家が出しているところがポイントです。

平安時代において、裁判になった場合、摂関家が御教書を出してきたとすれば、それは公式の文書として採用されます。本来は私文書のはずが公文書として扱われます。当時は、司法と行政の区別はありません。太政官の役人が摂関家に喧嘩を売るわけにはいかないので、御教書を出されたら、決まりです。原告側被告側ともに御教書を出してきたとすれば、それは政治力による談合で決めることになります。

荘園という税務署が入れない特別な土地があり、そこの親分に、ここに住んでいいよという証文をもらっていればそれは公文書となるといったようなことです。今であればそれは完全に私文書ですが、昔はそれが許された時代、というよりも、そういうことができた人たちがどこの国でも貴族と呼ばれていました。平安時代は、官僚が我こそは公権力だといくら威張ってみても、その公権力の頂点には藤原氏がいるという時代でした。私権力が官権力を凌駕して公になってしまった事例です。

大和朝廷の蘇我氏のような粗雑なやり方でなく、私有地である荘園と公権力の双方を使い分ける、手の込んだやり方を使いました。

これに皇室は手も足も出ず、実権を手放してしまいました。朝廷は藤原氏の決定を追認するだけです。しかし、形式的な追認機関として残ったのは、天皇を頂点とする朝廷の公権力が厳然として残っていたからでもあります。なぜ皇室と朝廷が残りえたのかは本書のテーマではないので、私の他の著作、『日本一やさしい天皇の講座』（扶桑社、二〇一七年）や『国民が知らない　上皇の日本史』（祥伝社、二〇一八年）などをお読みください。

なお、歴代藤原家当主は、日記をつけていました。これは単なる私文書であり、秘密の巻物です。貴族の日記は子孫にとって武器でした。儀式の次第が書き残されているマニュアルであるだけではなく、戦争の武器にもなりました。西欧ではリコルディといいます。先祖代々の記録で、表には出さない家の実際を書き記して残していました。

公権力と私権力のせめぎあい、武士の登場

摂関政治は三〇〇年ほど続きます。しかし、一一世紀後期に白河上皇が藤原氏にとってかわり、院政を開始します。天皇を後継に譲った上皇が独自に荘園を集め始めます。ただし、上皇になれば即座に院政ができるわけではなく、天皇家の長である治天の君になって初めて院政が可能になります。

天皇がいて、天皇の父の上皇がいて、そのまた父の上皇がいた場合、天皇の祖父にあたる上皇が一番強いのかといえば、そうとは限りません。結局、治天の君が誰であるのかを決めるのは政治力です。政治力の源が荘園です。土地から財力が生まれ、財力を背景に頂点の最高権力が握られ、最高権力を握れば公権力に命令する権限を持つことになり中下級貴族である官僚は逆らえなくなるという流れです。藤原氏と同じことを上皇がやり始めました。

藤原氏は単なる私人ですが、治天の君は公権力の頂点です。公権力の頂点に位置する治天の君が、私有地である荘園を集め始めました。

治天の君がそういうことをやり始めれば、止める者はいなくなります。藤原氏の時代には出世が固定化されていたのですが、院政が始まると治天の君に院の近臣として近づいていくことで、中下級貴族に権力を振るう道が開けることになりました。藤原摂関家のやり方と同じく、治天の君の私邸で政治の意思決定が行われ、公権力であるはずの朝廷官僚機構は相変わらず追認機関に過ぎません。

当時、夜の関白と呼ばれる人がいました。葉室顕隆《はむろあきたか》という人です。白河法皇に信任され、毎夜御前に伺候して工作したと言われています。つまり、政治の重要事は行政業務の終了後、上皇の私邸で夜に決められていたということです。より正確に言うと、夜に院の庁で決めたことを、昼の朝廷が追認するのです。公の頂点であるはずの治天の君が私をむき出しにした時代が、院政期です。官僚機構の風紀はあって無きがごとしです。

なお、上皇（出家したら法皇）の出す命令は「院宣」と呼ばれますが、天皇や公式の朝廷の命令よりも影響力を持ちます。だから「今の天皇は昔の東宮のごとし」と言われました。東宮とは皇太子のことです。

当時の偉い人を順に並べると、治天の君、天皇、摂関家、皇族等有力貴族そして別枠の寺社という体制です。この体制が形式的にはいつまで続くのかといえば、豊臣秀吉の時代まで続きます。荘園を完全解体したのは豊臣秀吉です。

院政は一〇〇年ほどしか続きませんでした。院政末期に平清盛が権力を握ろうとします。清盛は多くの知行国つまり朝廷から支配権を与えられた土地を持ち、むしろ荘園よりも公権力を重視する人で、荘園はあまり持っていませんでした。荘園は、藤原家や院など既得権益を持っている権門がすべて押さえていたのです。

平清盛

平家一族は、ひたすら全国六六カ国中三〇カ国の知行国をおさめ、税金を取り立てるという方法で勢力を維持していました。対立構造としては、私権力重視の権門に対し、公権力重視の平家政権です。平家が、一時的には権力に入り込めたけれども最終的に短命政権に終わるのはこれが理由です。当時の構造においては、公権力と私権力の両方を持っていなければならなかったのです。

それにとって代わったのが源氏です。源頼朝は、新たな公

伝源頼朝

である幕府を一から作ったということになるのですが、では幕府とは何かという議論が生まれます。

研究者の間には、鎌倉幕府は政府なのか国なのかという論争があります。この両者はキリスト教とイスラム教ぐらい対立しており、しかもそれぞれ説得力があります。たとえば、戦略研究の海上知明先生は、独立政権、独立国家論の立場に立ちます。それに対して私は、政府から承認されて自治権を得ているだけの存在だろうという立場です。海上先生は関東の学派に近く、私は関西の学派に近いと言うことができるでしょう。

いずれにしても、源頼朝という私人が朝廷の承認のもとで別の公権力を打ち立てたのは確かなことです。そこにどれほどの独立性があったのか。鎌倉幕府は、完全に朝廷から独立した政府あるいは国家のような権力を持っていたのか、それとも労働組合程度の自治権か。論争はたぶん、永遠に終わらないでしょう。

朝廷があり、朝廷の中にも公権力と私権力があり、そして朝廷から承認された別の公権力が発生したというのが鎌倉時代です。

　そもそも鎌倉幕府の実態とは何かと言えば、頼朝公と従った武士達の集まり、いわばヤンキーの集会です。個人的な紐帯に基づく集団ですから、私人の集合体です。

　平安時代の朝廷がまともに裁判をしてくれないので、朝廷を信用できず、自力救済を始めた人達が頼朝の下に集まったのが鎌倉幕府です。本当にただの自力救済のための自衛集団であり、単なる武装集団であったものが鎌倉に定住して独自の統治機構を整備していき、軍事機構だけではなく官僚機構も作っていきました。それが全国に影響力を及ぼし、権門体制の権力を上回ります。鎌倉幕府の権力が朝廷を上回ったのがいつなのかも論争が尽きないのですが。それが、鎌倉幕府はいつ成立したのか、という論争になります。

　鎌倉幕府成立が何年かという説は今ではかなりの数があり、成立年を一一八〇、一一八三、一一八五、一一九二とする各説があって一一九二年より前に持っていきたがる傾向が強くあります。その後の一二二一年の承久の乱や一三一七年の文保の和談に持ってくる人もいます。

　確かに鎌倉幕府はどんどん強くなっていくのですが、権門の側もまた土地を持っていますから相変わらず強いままでいます。鎌倉時代は、完全に朝廷の影響力がなくなったわけではなく、棲み分けをしていた時代です。独自の裁判をやり、独自の法を持つようになった鎌倉幕府は公となります。朝廷の中の争いは太政官の仕組みの中で解決するのですが、武士と武士の間の問題は鎌倉幕府が解決します。そして、武士と朝廷、国との対立は、こちらは幕府が解決するというかたちで、鎌倉幕府はどんどん影響力を行使していきます。

ちなみに鎌倉幕府は公正を重視したようです。朝廷、国と武家の争いについては公正に裁判をやり、国を勝たせることもあって、法の信頼性を担保していきました。武士側にえこひいきをして勝たせるようなことはしなかったといいます。

「以仁王の令旨」というプロパガンダ

一一八〇年、後白河法皇の第三皇子であり高倉天皇の兄にあたる以仁王《もちひとおう》が、諸国の源氏や寺社に対して打倒平氏の兵を挙げるよう促す令旨を発したとされています。歴史教科書などで、「以仁王の令旨」と書かれている事件です。令旨とは、律令制で定められた、皇太子、また太皇太后・皇太后・皇后の三后の命令を書き記した文書のことをいいます。だから、親王には出せませんし、ましてや親王の格下の王にすぎない以仁王には出せません。

しかし、これは、公人が発した私文書です。勝手に皆が公文書にしただけの話です。権力者の発する私文書は公文書と同じ効力を持つという例です。ただし、以仁王というもともとそれほど権力のなかった人の書いた文書が後に権力を持った人に利用されて公文書になったという流れです。

以仁王の令旨に関しては、星の数ほどあやまった情報をたれ流してきたウィキペディアが、珍しく正しいことを書いています。令旨という言い方について、「皇太子どころか親王ですらなく、王に過ぎない彼の奉書形式の命令書は、本来は御教書と呼ばねばならないが、身分を冒してこう称した」としています。ここにある御教書とは、本来の意味で私文書のことです。令旨は本来、王の身分では出せません。令旨という言葉遣い自体がプロパガンダなのです。

以仁王の令旨と呼ばれる文書の現物は残っていません。鎌倉将軍六代までの将軍記である『吾妻鏡』や軍記物語の『平家物語』に収録されていますが、定められた形式要件は守

福澤諭吉

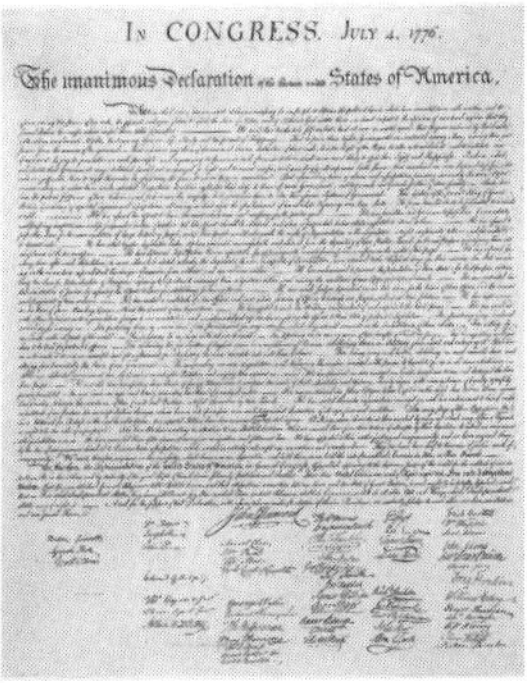

アメリカ独立宣言

られていません。周囲がよってたかって令旨にしてしまったというのが最も正しいのでしょうが、いずれにしても以仁王側は反乱軍ですから私文書であり、檄文のようなものです。

ちなみに福沢諭吉は、アメリカ独立宣言を「アメリカ独立の檄文」と訳しました。当然のことですが、当時の大英帝国から見ればそれは単なる、犯罪者が書いた私文書です。しかし今では公文書となっています。以仁王の令旨も、それと一緒です。独立戦争を率いたジョージ・ワシントンは大英帝国の手下の軍人でした。その内容は犯罪の宣言ですが、ワシントンという公人が発表した私文書が、現在、アメリカの公文書の筆頭に挙げられているということになります。

さらにちなみに、室町時代に足利義満に反旗を翻した大内義弘が檄文を発していますが、アメリカ独立宣言と内容はあまり変わりません。アメリカ独立宣言は神の名によりジョージ三世を罵倒しつつ自由の大義を訴えていますが、大内義弘が足利義満の非道を天命により糾弾しているのと軌を一にしています。

鎌倉幕府の文書、私的団体の文書がなぜ朝廷を上回ったのか？

鎌倉幕府が発する文書は、私文書か公文書かと言えば公文書ということになります。今で言えばせいぜい公的文書です。少なくとも、当時の朝廷からしたら、私的団体です。ただ、徐々に鎌倉幕府の発する文書が公文書として認識されていきます。したがって、当時は、公的文書と公文書との違いはなく、今で言う公的文書が公文書であるということです。

朝廷の官文書よりも鎌倉幕府の文書の効力が上回りますし、鎌倉幕府は独自の官僚機構を整備してきていますから、鎌倉幕府の文書は官文書の側面も持っています。「公家様」に対して、「武家様」の文書様式も確立していきます。

ただし、鎌倉幕府の官僚がそんなに強いかと言えばそこまで強くはなく、鎌倉幕府における公とは何かと言えば、実は源頼朝その人です。「鎌倉殿」と言われます。

清和源氏直系の貴種である源頼朝個人が公であって、その公の血、鎌倉殿の血が形式上、歴代将軍に受け継がれるというのが鎌倉幕府の基本でした。しかし、源氏は三代で滅び、藤原氏ついで皇族から将軍を迎えました。戦前は天皇機関説、戦後は天皇ロボット説が憲法学の主流ですが、いわば「鎌倉殿機関説」を通り越して、「鎌倉殿ロボット説」のような運用になります。

実質的に「鎌倉殿」の機能を果たしたのは、将軍ではなく北条氏でした。

当初、合議制による運営などいろいろな試行錯誤をしたのですが、北条義時の頃になると北条氏が将軍を代行することになります。頼朝に従った武士達のことを御家人というのですが、御家人中の同輩、また、皆がそう認めたかどうかは怪しいのですが首席であるに過ぎない北条氏が鎌倉殿の代行者の血を世襲していき執権を確立します。

鎌倉幕府において、北条宗家である得宗家に権力が集中していきます。すると、やはり有力者が得宗の私邸に集まって重要な決定をしていくことになります。公権力であるはずの幕府は追認機関にすぎなくなるという、かつてと同じことが起きます。

かくして、屋上屋を重ね続けました。結果、朝廷には治天の君がいて、上皇は最大で六人おり、天皇がいて、摂政関白がいて、太政大臣が別にいる時もあり、左大臣については摂関を兼ねていなければ理論上、摂関と太政大臣、左大臣が別の人であることも可能です。したがって、治天の君、上皇、天皇、摂関、太政大臣、左大臣と朝廷だけで六人の主権者が発生している可能性がありました。幕府の方でも将軍がおり、その上に大御所がいる時もあり、執権がいて、その執権よりも偉い得宗がおり、さらには内管領と呼ばれる得宗家の家老に過ぎない人が最高権力を握っている状態です。

つまり、当時は理論上、日本国には一一人の主権者が存在する国となりました。誰が公で誰が私か、境界が曖昧になります。

早々に力を失った室町幕府が意外と残った理由

一一人の主権者が存在しうるような状況を一旦リセットしたのが一三三三年の建武の新

政です。後醍醐天皇は鎌倉幕府を滅ぼしました。さらに、院政も摂関政治も廃します。主権者は天皇一人にしようとしました。

しかし、精力的な努力に反し、後醍醐天皇はいろいろな理由から失敗しました。そもそも公に対する信頼性というものを得ることができませんでした。

ちなみに、後醍醐天皇は自分の命令書を自分で偽造した天皇です。後醍醐天皇は、流された隠岐の島から脱出した時、綸旨つまり側近が天皇の意向を奉じた文書の形で巨勢宗国という武士に感状を出しました。文書として残っているのですが、これは公卿・千種忠顕になりすまして書いた自作自演文書です。天皇の命令書は、側近が代筆する形式なのですが、後醍醐天皇は自分で側近の名を騙って偽造したのです。もっとも、時の政府を非合法武装闘争で倒した人ですから、私文書偽造など細かいことです。

ただし、革命では非合法活動も勝てば許されますが、政権を取ってからは秩序を打ち立て法を皆に守らせなければなりません。法による秩序とは、文書による行政です。ところが天皇の命令書である綸旨の偽物が日本中に乱発されるようでは、秩序が打ち立てられるはずがありません。

もっとも、本物が偽物に早変わりした例もあります。後醍醐天皇の息子の護良親王は、鎌倉幕府倒幕に向けて各地の土豪に呼びかけて、組織戦を展開しました。その過程で、多くの武士に恩賞を約束しています。天皇が隠岐に島流しにされて何もできない時も倒幕運動を進めたのですから、最大の功労者です。しかし、自身の親政を目論む天皇にとって親王は邪魔ものにほかならず、対立が激しくなります。そこで護良親王が武士たちに約束した恩賞の文書を否定するような綸旨を出したりします。この瞬間、護良親王の文書は無効です。こうした事件が多発しますから、偽綸旨も乱れ飛ぶのです。

革命以後のフランスで、歴代政権下の裁判で一つの土地にAさんとBさんとCさんが権利書を持っていて力で解決するしかない、という事例を紹介しました。建武政権の日本でも同じことが起きたのです。

結果、護良親王は失脚、武士の支持を得た足利尊氏によって後醍醐天皇の建武の親政は潰されました。足利尊氏は光明天皇を擁立しますが、後醍醐天皇は吉野に脱出し、「我こそは本物の天皇だ」と主張します。ここに京都と吉野の南北に朝廷が並び立つ、南北朝時代が始まります。

一時は南朝も善戦し、北朝の五分の一程度の勢力は保ちました。なぜそんな数字が分かるかと言うと、南北朝時代研究の権威である佐藤進一先生が、残されている文書をすべて分析したからです。なお佐藤進一先生は『古文書学入門』（法政大学出版局、一九七一年）の著者で、日本史を専攻する学生は必読とされる名著です。文書学のバイブルです。

ちなみに、古代史と中世史では、「現存するすべての文書に目を通していること」が研究者の出発点です。ただし、読書感想文のように勝手な読み方をして良いのではなく、確立された文書学があります。肩書が教授であれ市井の研究者であれ、文書学を修めていることが古代史や中世史の専門家の資格です。

伝足利尊氏

さて、よく言われることですが、室町幕府は鎌倉幕府の焼き直しとして始めました。これ、間違いではないのですが、室町幕府にはさらに発展した官僚機構が生まれていきます。室町幕府が行ったのは鎌倉殿との私的関係にもとづく官僚制の解体でした。

鎌倉幕府の正統性は公正な裁判でした。それが保てなくなったので鎌倉幕府は滅び、足利尊氏に従えば土地を守ってもらえるということになったのです。

土地の揉め事を解決するのは、平時は裁判であり、有事は戦です。だから最高権力者である征夷大将軍の大権は、平時は司法権で有事は統帥権です。とはいえ、室町幕府とはいえども年がら年中戦争をしているわけではなく、日常的には奉行衆という裁判官僚が仕事をしています。かつての通説では、室町幕府は弱体だったとされてきました。時期にもよるのですが、その評価は一面的です。

特に一四六七年に発生したとされる応仁の乱以降の室町幕府は残っているだけで、将軍の威令が届かない戦国時代に突入したとされます。ところが、室町幕府はその後百年以上、残存していいます。なぜでしょうか。

応仁の乱

細川、大内、三好、松永、織田など足利将軍家を凌駕する権力を持った人達が次々と現れましたが、その人たちは室町幕府の奉行衆と仲良くすることで既得権益を守りました。統治するには奉行衆つまり官僚の力が必要なのです。

二〇世紀を代表するドイツの政治学者であるマックス・ウェーバーは「官僚制的装置は、権力を獲得した革命のためにも、占領敵軍のためにも、従来の合法的政府に対すると同様に、通常はそのまま機能し続けるものである。問題はいつも、現存の官僚制的装置を支配するのは誰かということなのである」と述べています（『支配の諸類型』世良晃志郎・訳、創文社、一九七〇年）。戦国時代、室町幕府の官僚機構と歴代権力者の関係は、ウェーバーの言う官僚の機能の法則そのものです。

鎌倉時代には頼朝が鎌倉殿と呼ばれ、その権力を執権が代行しました。単なる私権力にすぎなかった「鎌倉殿」が公を体現する存在になりました。

室町時代の場合は、将軍そのものが公です。初代将軍尊氏の頃は弟の直義との二頭立てを一頭立てにするために観応の擾乱が起きたりなどしていますが、三代将軍義満の頃には整備されました。「室町殿」の名称が定着します。

公文書以上の効力を持つ私文書、足利将軍家の話

建武の新政において文書は文書（ぶんしょ）そのものの正統性が怪しいので、公文書と私文書の違いどころではありませんでした。

室町幕府においては、公文書は御教書です。奉行衆が扱う文書は、室町幕府の官文書になります。

室町幕府では、将軍家は将軍そのものです。したがって歴代の室町殿本人が公そのものになり、足利将軍家が公権力つまり幕府そのものとなっています。ただし、将軍家と官僚機構はまったくイコールではありません。幕府の中心が将軍であり将軍家ですが、将軍個人も将軍家も幕府そのものではありません。文書で言うと、幕府の文書が御教書で、将軍家の文書が御内書です。室町時代になると御教書は完全に公文書で疑う余地がありません。それに対して御内書は私文書でした。ところが、御内書も公的性

足利義満

格を負うようになります。完全な公文書である御教書と、公文書の性格を持つ私文書である御内書が使い分けられるようになります。

室町幕府最後の将軍である足利義昭は、御内書を日本中に送りました。御教書の発給には官僚機構の手続きがいりますが、御内書は祐筆に書かせれば出来上がりです。たとえば武田信玄に対し「織田信長を討つために上洛せよ」などの命令は、御内書で行われます。受け取った信玄にとっては、信長を討つ大義名分であり単なる私文書にはない公的性格を帯びた文書です。

最近では、前アメリカ大統領のドナルド・トランプがツイッターで重要な発信を行いました。ツイッターは文書です。では私文書か公文書かというと、私文書です。ただ、極めて公的な性格を帯びます。だから私は「トランプ大統領御内書」と呼んでいます。

話を戦国時代に戻すと、教科書では義昭が信長に京都を追放された一五七三年を、室町幕府滅亡の年と教えています。しかし義昭は備後国の鞆に籠り、全国の大名に御内書を送り続け、信長と戦い続けます。義昭に従って奉行衆も鞆についていき、京都にいた時と同じように仕事を続けていました。もちろん、すべての業務を継続した訳でなく、所領の管

織田信長

理などできることだけですが。これを「鞆《とも》幕府」と呼ぶ人もいます。

では、「鞆幕府」の発した御教書は、公文書か私文書か。

かつて南朝の発した綸旨は、従う人にとっては公文書でした。同じように、「鞆幕府」の発した御教書は、それを公文書と認める人にとっては公文書です。認めない人にとっては、単なる私文書です。

足利幕府は南朝に手を焼きましたし、信長も最後まで鞆幕府の息の根を止めることができませんでした。ただ、足利幕府は南朝を泳がせたとする説もあります。信長は鞆幕府を相手にしていなかっただけだ、と主張する人もいます。南朝や鞆幕府の発する文書が形式的には公文書でも、影響力が無ければ単なる私文書と同じではないか、と考えて。

歴史学の中心は文書学です。それが私文書なのか公文書なのかなど、残された文書の形式を検討するものなのです。

信長研究と文書学、織豊時代の公権力とは

時代が下り戦国時代になると、「新史料発見」がありますが、残存するすべての史料に目を通しておくのが専門家の条件なのは変わりません。これが江戸時代になると、普通の国では字の読み書きができない層にまで識字率が広がりますから、残存するすべての史料に目を通すことは不可能になります。それでも政治の中心は文書で行われており、「武家様文書」は確立しています。

さて、織豊《しょくほう》政権は織田信長や豊臣秀吉の個人的な力量に依存した政権でした。戦国の動乱が収束に向かうにつれ、秩序が求められます。秩序とは安定した行政であり、それを担う官僚が求められます。

織田政権は公権力であり、信長が出した書状は公文書です。朝廷権力を代行してきた幕府が影響力を無くしたので、信長は立て直そうとしました。しかし、幕府が役に立たないので自分が代わりに公権力を行使しました。

信長研究の基本は文書学です。たとえば、有名な「天下布武」の印は、どのような意味

を持つのか。残存している天下布武の印が入った文書は、誰に充てられて発給されているのか、など内容以前の形式を検討します。次に、「天下」の意味がどのように使われているかなど言葉の定義を明らかにして、信長政権の性格を解明していきます。歴史学の基本は文書の検証、特に様式の体系化からはじまります。

では、織田政権はどこまで完成したか。信長は、慢性的戦争状態でした。一五六八年の上洛以来一五年間、一年も休まず戦争を続けました。戦時体制が解除されたことは一度もありません。本拠地の尾張や美濃は安定していますが、そのほかは取ったり取られたりを繰り返しています。信長は、トライアル・アンド・エラーの人です。そして、官僚機構が出来上がる前に、織田政権は崩壊しました。

豊臣秀吉

継いだ豊臣政権はどうかというと、あまり変わりがありません。

秀吉は全国の戦国大名を従えました。太閤検地を全国に行い、刀狩、海賊停止令、惣無事令と、豊臣秀吉がやったことはきわめて先進的です。一連の豊臣秀吉の政策を指して豊臣平和令と言いますが、これらはすべて一元的な権力を作ることを目的に展開された政策です。検地によって全国から公平に年貢がとれるようにする、そして、私人から武器を取り上げるのは、公権力の基本です。

織田政権と豊臣政権の共通点が五つあります。第一に、信長や秀吉といった、独裁者の個人的力量に依存して権力が維持されているので政権が保たれています。第二に、独裁者が死ぬと、政権は崩壊します。第三に、別の新実力者が政権を乗っ取ります。織田政権は秀吉に、豊臣政権は徳川家康に乗っ取られました。第四に、新実力者は前政権の官僚機構を頼りません。頼るほどの官僚機構が存在しないので、自前で新たに作り始めました。戦国時代に京都に乗り込んできた実力者が、室町幕府の奉行衆を頼ったのとは大きく異なる光景です。

そして第五に、織田政権も豊臣政権も、朝廷の権威の下に成立した政権です。織田信長は秩序の破壊者のように言われますが、一度も朝廷の権威から逸脱したことはありません。織田政権は、自身が発給する文書が公文書であることにこだわりました。

豊臣政権も同じです。一連の「豊臣平和令」は天皇の名で行われた公文書です。

戦国時代は力がモノを言う時代です。だからこそ「なぜ、おまえの言うことを聞かなければならないのだ」と反抗する他の大名を従わせるために、朝廷の権威が利用されたのです。力を得るには兵を集めねばなりませんし、兵を集めるには大義名分が必要な時代だったのです。

そもそも、兵を集めるのは文書によってです。

徳川家康

鎌倉武士は「一所懸命」と言われますが、「一つの所領の為に命を賭ける」の意味です。その所領は鎌倉殿の文書によって保障されます。

室町時代研究の中心は、文書による土地のやり取りです。たとえば将軍が着到状を発給すれば、それを証拠に戦後に恩賞として所領がもらえます。

戦国時代も、文書によって大名の動向が決まります。関ケ原の合戦は一日で終わりましたが、東軍も西軍も大名たちを味方につけようと大量の文書を発給しています。勝った徳川家の文書は公文書の価値を持ち、西軍が乱発した空手形はただの紙切れに終わりました。

徳川政権と公（おおやけ）

徳川政権の官僚機構は、最初の三代ぐらいまでは「庄屋仕立て」と言われていました。巨大な庄屋がいて取り仕切っているようなものでした。四代将軍・家綱くらいになって初めて、実質的にも形式的にも公権力になります。

将軍は「上様」と呼ばれるようになりました。「鎌倉殿」「室町殿」と同じく、将軍個人が公を体現します。

幕府は「御公儀」と呼ばれます。本来は、天皇と朝廷のことです。実質だけでなく、形式的にも江戸幕府は公権力となりました。

なお、「幕府」という言い方には、イデオロギーが込められています。天皇の下にある存在という意味で使われる言葉が、幕府です。幕府という言葉が一般化したのは一九世紀の後期水戸学においてで、水戸学が警戒される理由はそこにあります。尊皇のイデオロギーになり、尊皇が倒幕に転化したのは御存じの通りです。

摂関家や室町将軍は、自らの邸宅のことを御所などと言いましたが、なし崩し的に公になりました。それに対して、徳川幕府は確信的に公権力を確立しました。その中で御公儀という官僚機構ができていきます。

御公儀と名乗るくらいですから、江戸幕府が発給する文書は当然、公文書です。朝廷の方が前時代の私権力のような扱いで、影響力は削られます。もはや、権門と呼べるような力は何も残っていません。

一六一五年に出された禁中並公家諸法度によって、将軍権力の下に天皇と朝廷が置かれてしまいます。律令以来、天皇を縛る法はありませんでしたから、禁中並公家諸法度が最初です。

公家は公ではなくて、完全に御公儀の支配下にある存在です。だから、後水尾天皇は譲位して上皇となり、法に縛られない存在として振舞います。ただそれは朝廷の狭い世界の中だけで、日本全体に影響を及ぼす公権力ではありません。

官と公は、江戸時代になって、ほぼ完全に一致しました。江戸幕府の出す公文書はすべて官文書かつ公文書であって、それを超える存在は日本国にはないという状況になりました。官と公の歴史は実はとても新しく、明治という時代はこの江戸時代のシステムの作り直しの時代です。

江戸時代は地方分権であり、各地の大名が勝手に年貢をとり、勝手に兵を集め、いざという時には将軍の命令で兵を供出するというシステムでした。実質的には幕末以外にそんなことをやっている時期はなく、兵を出さずに金ばかりを出していました。江戸城を建て直すから金を出せ、人を出せ、というくらいです。御公儀に認められた権威の下で、大名たちは自治的な権力を行使しました。大名の出す文書は領内でしか通用しませんが、公文書です。なお、藩札といって、その藩の中でだけ通用する紙幣も発行されました。

社会も変化します。武士のサラリーマン化です。サラリーマンとは給料（サラリー）をもらうから、サラリーマンです。

鎌倉、室町の時代には、将軍がいて大名がいて土豪がいて、その土豪がそれぞれに土地を持っていました。たとえば百万石の大名の下に有力土豪がいるとすると、お前に一万石の領地をやるから自分で年貢をとれということになります。領地を貰うということは年貢をとる権利を持つということでした。手数料を払えば、一揆を起こされない程度に好きなだけ年貢をとっていいという権利です。

江戸時代は、将軍は将軍で領地があり、領地からとれる米をサラリーとして旗本達に分け与えるという仕組みです。大名もまた、百万石の前田家であれば、前田の殿様のところにすべて年貢が集まり、サラリーとして家臣に配られます。つまり、担当官僚以外には自分で土地を管理する武士がいなくなったのです。

ここが戦国時代までと江戸時代との決定的な違いです。豊臣政権はこれをやろうとしたのですが途中で崩壊し、成文化されて確立されたのが江戸幕府においてでした。

こうした意味で、江戸時代は武士がサラリーマンになった時代です。だから、一八七一年の廃藩置県で中央政府が藩を取り上げた時にも抵抗が少なかったのです。領地には農民がいるけれど、ここにいる農民は自分の支配下にあるといった認識はありません。あれば必死で抵抗したでしょう。

江戸時代を通じて武士がサラリーマン的公務員になったというのは、とても大きな出来事です。それが全国の大名ごとに展開されたのではなく、東京の中央政府によって全国的にまとめて展開されたのが明治維新です。税金と軍隊を中央政府一カ所に集めるというのが富国強兵ということです。

江戸幕府が公であり、その中に多くの大名がおり、ワン・オブ・ゼムが朝廷です。江戸幕府という一元的公権力ができて、公権力＝公文書＝官文書となりました。大名が出すものも公文書です。

公文書と公的文書が分かれた、つまり、官と民が完全に分かれている官僚国家の成立が明治政府でした。それが今も続いているのです。この流れが、日本における公と私であり、文書管理から見た、日本の公と私です。

結局、御一新で公地公民に戻り、太政官制度だけは内閣制度で一新しているとはいえ、天皇を中心とした官僚国家に戻ったと言うことができるでしょう。ただし、古代とは比較にならないほど強固な権力を打ち立てていますが。

「国家安康」と「君臣豊楽」は開戦の口実になりえたのか？

豊臣秀吉の発願で建てられた方広寺という寺があります。江戸時代の初期、この寺の鐘銘がもとで事件が起こりました。今も寺の一部が残り、問題の鐘もまだ残っています。

方広寺は大地震で一度倒壊し、秀吉の息子・秀頼が再建して、一六一四年に大仏とともに一個の大きな鐘を据えました。その鐘に彫られていたのが「国家安康」と「君臣豊楽」を含む銘文です。家康の名を切り離して君主として豊臣は楽しむ、という挑発とも受け取れます。

厳密にはどうかというのは議論の余地がありますが、文字が彫られている鐘は文書です。家康は、「国家安康」と「君臣豊楽」について徳川家を冒涜するものだとしてクレームをつけます。いちゃもんをつけて大坂の陣への引き金としたというのが、かつての通説でした。豊臣側には他意はなく、家康の言いがかりに過ぎないというわけです。最近では、この方広寺鐘銘事件は家康の言いがかりとは言い切れず、やはり豊臣家には確信犯的な部分があったというのが定説になっています。

方広寺、国家安康の梵鐘（重要文化財）とその銘文 ©アフロ

問題の「国家安康」と「君臣豊楽」を含む銘文が彫られた鐘は、豊臣家が作らせたので私文書です。大坂

の陣は、徳川家と豊臣家の私闘です。家康はあえて私闘のかたちをとって、後陽成上皇の介入を排しました。信長も秀吉もさんざん天皇の恩に着ていましたが、家康はそれをあえて排除する方針をとり、したがって禁中並公家諸法度を出すこともできました。天皇の力を借りていないのででき たこと、という意味で重要です。

足利義教

後花園天皇

一四三八年に永享の乱が起きて将軍・足利義教が鎌倉公方の持氏を討ちました。その際、義教は持氏討伐のために後花園天皇に治罰の綸旨を要請したのですが、それ以来、秀吉が豊臣平和令を展開して惣無事令で天下統一するまで、天皇の権威は非常に高いものでした。

権威が高いというよりも利用価値がきわめて高いと言うべきでしょう。義教の後、室町幕府はなにかといえば綸旨を欲しがる綸旨病になりました。応仁の乱の際に後花園天皇は綸旨を出さず、それが事態収拾のネックになったとされていますが、むしろ、大勢が決してない時は出さないと判断した後花園天皇は偉いと評価されています。

正親町《おおぎまち》天皇は信長をかばい、秀吉には天下統一を実現させました。家康は、その権威の危険性をわかっていたから後陽成上皇の力を借りず、幕府開闢《かいびゃく》後に禁中並公家諸法度を出して抑え込みました。関ヶ原の戦いも大坂の陣も、完全に徳川と豊臣の私闘です。朝廷に介入させていないのが重要なのです。

そうした背景があるからこそ、一八六八年の鳥羽・伏見の戦いにおいては、徳川と薩長の私闘なのか、それとも徳川を朝敵とする公の闘いなのかということが重要だったわけです。そして、徳川を朝敵としたからこそ薩長が勝ちました。

第五章
歴史問題を解決する

天皇の戦争責任

「天皇の戦争責任」という言葉があります。一般的には昭和天皇の開戦責任を指します。

これをアーカイブの視点で見るとどうなるでしょうか。大日本帝国には、「宣戦の詔勅」あるいは「宣戦の詔書」と呼ばれる文書が四つあります。日清戦争、日露戦争、第一次世界大戦、第二次世界大戦の宣戦の詔勅あるいは詔書です。国立公文書館・アジア歴史資料センターのウェブサイトで原本を閲覧することができます。次のように整理されています。

【日清戦争】
レファレンスコード　A03020165600
件名　御署名原本・明治二十七年・詔勅八月一日・清国ニ対シ宣戦
作成年月日　明治27年8月1日
作成者　内閣
組織歴　内閣

【日露戦争】
レファレンスコード　A03020585900
件名　御署名原本・明治三十七年・詔勅二月十日・露国ニ対シ宣戦
作成年月日　明治37年
作成者　内閣
組織歴　内閣

【第一次世界大戦】
レファレンスコード　A03020988900
件名　御署名原本・大正三年・詔書八月二十三日・独逸国ニ対シ宣戦
作成年月日　大正3年8月23日
作成者　内閣
組織歴　内閣

【第二次世界大戦】
レファレンスコード　A03022539800
件名　御署名原本・昭和十六年・詔書一二月八日・米国及英国ニ対スル宣戦ノ件
作成年月日　昭和16年12月8日
作成者　内閣
組織歴　内閣

レファレンスコード検索を使って、または、トップページの検索窓に右記のレファレンスコードを入力するだけでも該当の文書に直行しますので、ぜひご覧になってみてください。

右記の四つの文書の「作成者」というところを見てください。すべて、「内閣」です。

予備知識の無い人たちに、これら宣戦の文書は誰が作成したものだと思うかと質問すれば、ほとんどの人は天皇だと答えるでしょう。

しかし、国立公文書館がどう整理しても、また私が整理したとしても、作成者は内閣であって天皇ではありません。

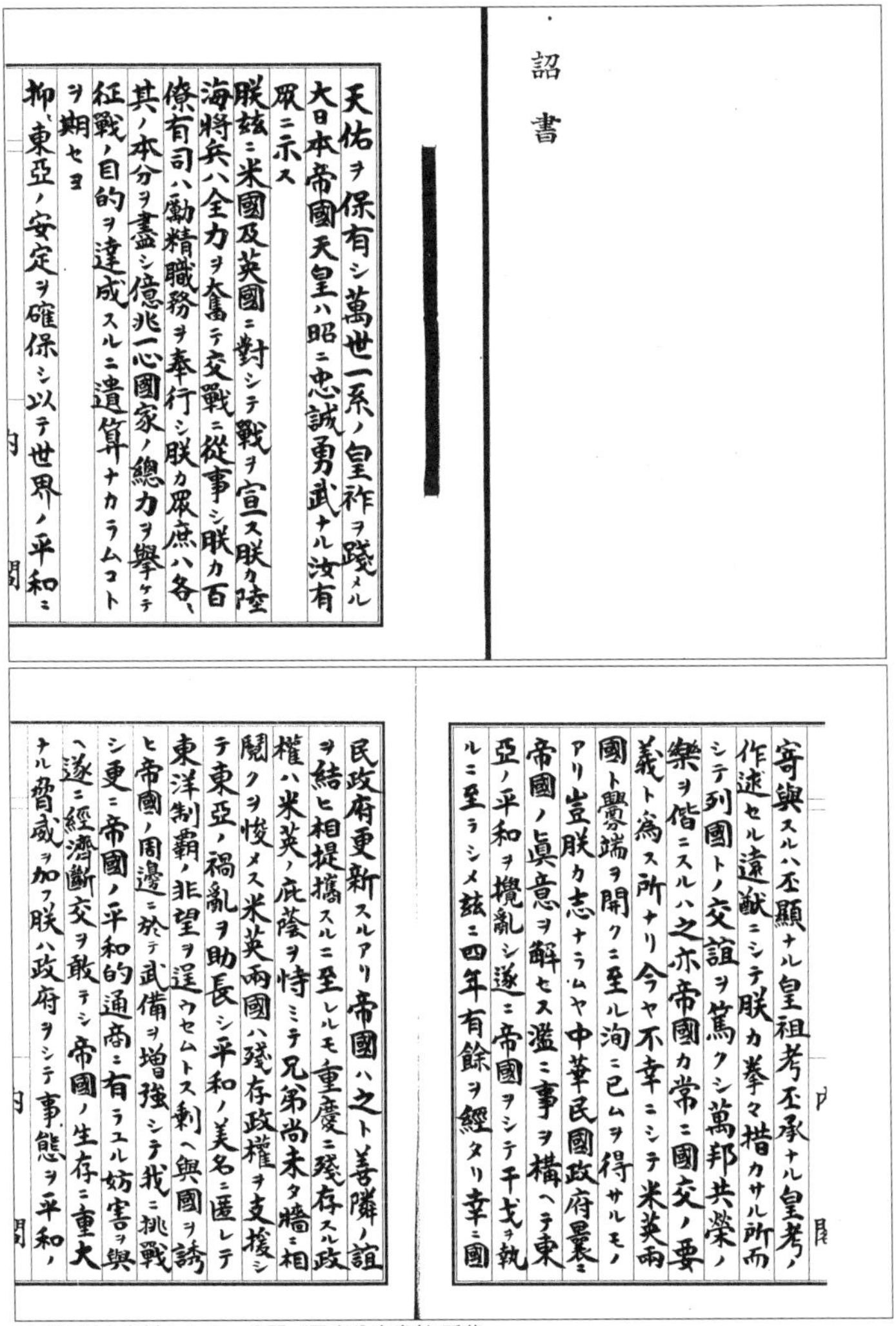

詔書

天佑ヲ保有シ萬世一系ノ皇祚ヲ踐メル
大日本帝國天皇ハ昭ニ忠誠勇武ナル汝有
衆ニ示ス
朕茲ニ米國及英國ニ對シテ戰ヲ宣ス朕カ陸
海將兵ハ全力ヲ奮テ交戰ニ從事シ朕カ百
僚有司ハ勵精職務ヲ奉行シ朕カ衆庶ハ各〻
其ノ本分ヲ盡シ億兆一心國家ノ總力ヲ擧ケテ
征戰ノ目的ヲ達成スルニ遺算ナカラムコト
ヲ期セヨ
抑〻東亞ノ安定ヲ確保シ以テ世界ノ平和ニ
寄與スルハ丕顯ナル皇祖考丕承ナル皇考ノ
作述セル遠猷ニシテ朕カ拳々措カサル所而
シテ列國トノ交誼ヲ篤クシ萬邦共榮ノ
樂ヲ偕ニスルハ之亦帝國カ常ニ國交ノ要
義ト為ス所ナリ今ヤ不幸ニシテ米英兩
國ト釁端ヲ開クニ至ル洵ニ已ムヲ得サルモノ
アリ豈朕カ志ナラムヤ中華民國政府曩ニ
帝國ノ眞意ヲ解セス濫ニ事ヲ構ヘテ東
亞ノ平和ヲ攪亂シ遂ニ帝國ヲシテ干戈ヲ執
ルニ至ラシメ茲ニ四年有餘ヲ經タリ幸ニ國
民政府更新スルアリ帝國ハ之ト善隣ノ誼
ヲ結ヒ相提攜スルニ至レルモ重慶ニ殘存スル政
權ハ米英ノ庇蔭ヲ恃ミテ兄弟尚未タ牆ニ相
鬩クヲ悛メス米英兩國ハ殘存政權ヲ支援シ
テ東亞ノ禍亂ヲ助長シ平和ノ美名ニ匿レテ
東洋制覇ノ非望ヲ逞ウセムトス剰ヘ與國ヲ誘
ヒ帝國ノ周邊ニ於テ武備ヲ增強シテ我ニ挑戰
シ更ニ帝國ノ平和的通商ニ有ラユル妨害ヲ與
ヘ遂ニ經濟斷交ヲ敢テシ帝國ノ生存ニ重大
ナル脅威ヲ加フ朕ハ政府ヲシテ事態ヲ平和ノ

アジア歴史資料センター公開／国立公文書館 所蔵

裡ニ回復セシメムトシ隱忍久シキニ彌リタルモ彼ハ毫モ交讓ノ精神ナク徒ニ時局ノ解決ヲ遷延セシメテ此ノ間却ツテ益〻經濟上軍事上ノ脅威ヲ增大シ以テ我ヲ屈從セシメムトス斯ノ如クニシテ推移セムカ東亞安定ニ關スル帝國積年ノ努力ハ悉ク水泡ニ歸シ帝國ノ存立亦正ニ危殆ニ瀕セリ事既ニ此ニ至ル帝國ハ今ヤ自存自衞ノ爲蹶然起ツテ一切ノ障礙ヲ破碎スルノ外ナキナリ

皇祖皇宗ノ神靈上ニ在リ朕ハ汝有衆ノ忠誠勇武ニ信倚シ祖宗ノ遺業ヲ恢弘シ速ニ禍根ヲ芟除シテ東亞永遠ノ平和ヲ確立シ以テ帝國ノ光榮ヲ保全セムコトヲ期ス

御名 裕仁

天皇御璽

昭和十六年十二月八日

内閣總理大臣兼内務大臣陸軍大臣 東條英機

文部大臣 橋田邦彦

國務大臣 鈴木貞一

農林大臣兼拓務大臣 井野碩哉

厚生大臣 小泉親彦

司法大臣 岩村通世

海軍大臣 嶋田繁太郎

外務大臣 東郷茂徳

遞信大臣 寺島健

大藏大臣 賀屋興宣

商工大臣 岸信介

鐵道大臣 八田嘉明

アジア歴史資料センター公開／国立公文書館 所蔵

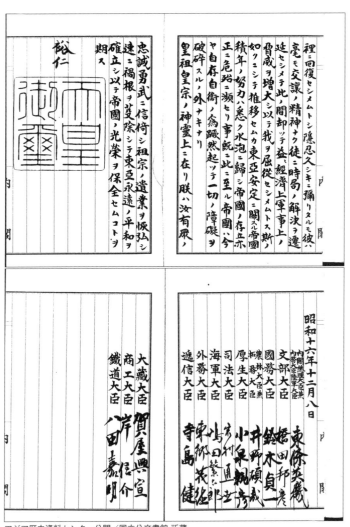

原本を見ればわかる通り、天皇の御名御璽《ぎょめいぎょじ》があって全閣僚の副署があります。この文書がどの時点で作成されたことになるかというと、国務大臣全員の副署があって初めて、作成された、ということになるのです。天皇の御名御璽は作成要件ではありません。

大日本帝国憲法第五五条に「國務各大臣ハ天皇ヲ輔弼シ其ノ責ニ任ス。凡テ法律勅令其ノ他　國務ニ關ル詔勅ハ國務大臣ノ副署ヲ要ス」とあります。大臣の副署がない天皇の命令は法的に無効である、とあります。詔書は、大臣が副署して初めて効力を発します。実際には各大臣が署名してから天皇が御名御璽を行います。大臣が、「これでいいですか？」としたところに、そこで拒否することは天皇にはありません。仮に天皇が拒否すれば、法に対する挑戦です。イギリス憲法では君主が憲法を守らなければ「非立憲」とされます。違憲と同じような意味です。「同じような」というのは、憲法典の条文に書かれてあることに逆らうのが違憲で、憲法の要求するところに従わないことが非立憲です。合憲・違憲と立憲・非立憲は違う次元です。だから、「合憲だけど非立憲」ということが起こりえます。

内閣で作成されて現在は国立公文書館で保存されているこれらの由緒正しい文書（もんじょ）を前にどのような議論をするかということが、天皇の戦争責任をアーカイブの点から論ずるということになります。

日本で最も権威がある国立公文書館の目録において、開戦の詔書の作成者は内閣となっています。作成者ではないのだから、天皇に戦争責任はありません。開戦の詔書は内閣の各大臣が副署した瞬間に効力を持つのだから天皇に責任はないのです。

文句があるのであれば、まずは国立公文書館に要請して目録を書き換えてから言え、ということになります。戦争責任はやはり天皇にあるはずだという人は、宣戦の詔書の作成責任が天皇にあるということを確立しなければいけません。たとえば、天皇が拒否すればこの文書はありえないのだから国立公文書館は目録を書き換えるべきである、といった主張が必要になります。

このような論争を行うのがアーカイブです。しかし、こんな論争はおそらく誰も聞いたことがないでしょう。こうした基礎的な議論をすっ飛ばして物知り顔で議論をするから、歴史問題は永久に解決しないのです。

私がアジア歴史資料センターに勤務していた時のことですが、作成者は内閣であるから天皇に戦争責任はないということについては、留学してきていた中国人も韓国人も納得していました。整理作業をしている時、「詔書の作成者は?」という確認に対して、「内閣である」という指示を出しても、誰も疑問に思いません。イデオロギー以前に、文書学の常識だからです。

歴史問題を解決したければ、日本できちんとしたアーカイブを確立し、チャイナ、コリアのまともな大学院生に日本のまともなアーカイブを教えて送り返せばいいのです。そうした人材を世界に送り出すことが歴史問題の解決ということでしょう。

ところで、終戦の詔書は、アジア歴史資料センターの整理では次のようになっています。

レファレンスコード　A04017702300
件名　御署名原本・昭和二十年・詔書八月十四日・大東亜戦争終結ニ関スル詔書
作成年月日　記入なし
作成者　内閣
組織歴　内閣

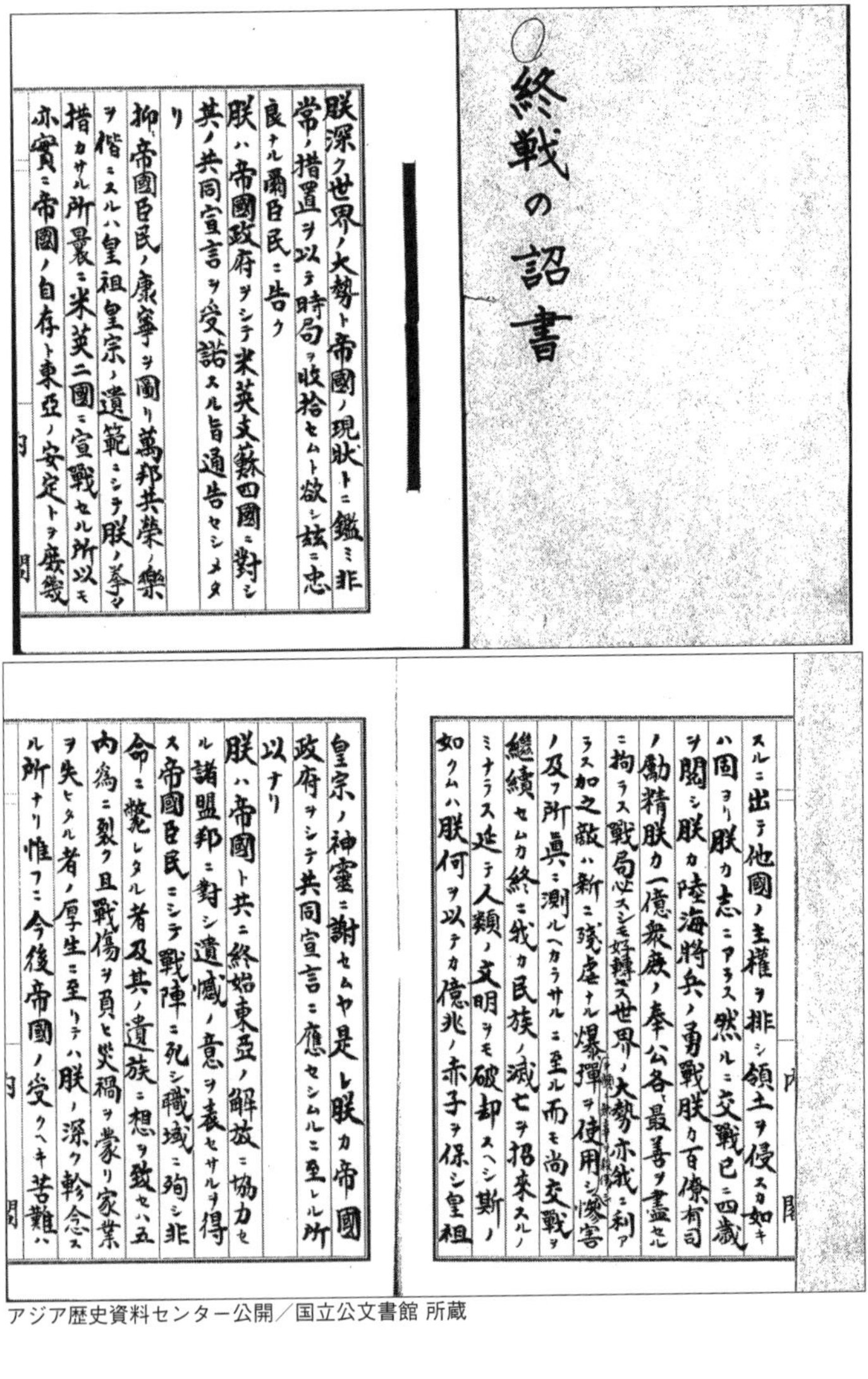
終戦の詔書

朕深ク世界ノ大勢ト帝國ノ現狀トニ鑑ミ非
常ノ措置ヲ以テ時局ヲ收拾セムト欲シ茲ニ忠
良ナル爾臣民ニ告ク
朕ハ帝國政府ヲシテ米英支蘇四國ニ對シ
其ノ共同宣言ヲ受諾スル旨通告セシメタ
リ
抑〻帝國臣民ノ康寧ヲ圖リ萬邦共榮ノ樂
ヲ偕ニスルハ皇祖皇宗ノ遺範ニシテ朕ノ拳〻
措カサル所曩ニ米英二國ニ宣戰セル所以モ
亦實ニ帝國ノ自存ト東亞ノ安定トヲ庶幾

スルニ出テ他國ノ主權ヲ排シ領土ヲ侵スカ如キ
ハ固ヨリ朕カ志ニアラス然ルニ交戰已ニ四歳
ヲ閲シ朕カ陸海將兵ノ勇戰朕カ百僚有司
ノ勵精朕カ一億衆庶ノ奉公各〻最善ヲ盡セル
ニ拘ラス戰局必スシモ好轉セス世界ノ大勢亦我ニ利ア
ラス加之敵ハ新ニ殘虐ナル爆彈ヲ使用シ慘害
ノ及フ所眞ニ測ルヘカラサルニ至ル而モ尚交戰ヲ
繼續セムカ終ニ我カ民族ノ滅亡ヲ招來スルノ
ミナラス延テ人類ノ文明ヲモ破却スヘシ斯ノ
如クムハ朕何ヲ以テカ億兆ノ赤子ヲ保シ皇祖

皇宗ノ神靈ニ謝セムヤ是レ朕カ帝國
政府ヲシテ共同宣言ニ應セシムルニ至レル所
以ナリ
朕ハ帝國ト共ニ終始東亞ノ解放ニ協力セ
ル諸盟邦ニ對シ遺憾ノ意ヲ表セサルヲ得
ス帝國臣民ニシテ戰陣ニ死シ職域ニ殉シ非
命ニ斃レタル者及其ノ遺族ニ想ヲ致セハ五
內爲ニ裂ク且戰傷ヲ負ヒ災禍ヲ蒙リ家業
ヲ失ヒタル者ノ厚生ニ至リテハ朕ノ深ク軫念ス
ル所ナリ惟フニ今後帝國ノ受クヘキ苦難ハ

アジア歴史資料センター公開／国立公文書館 所蔵

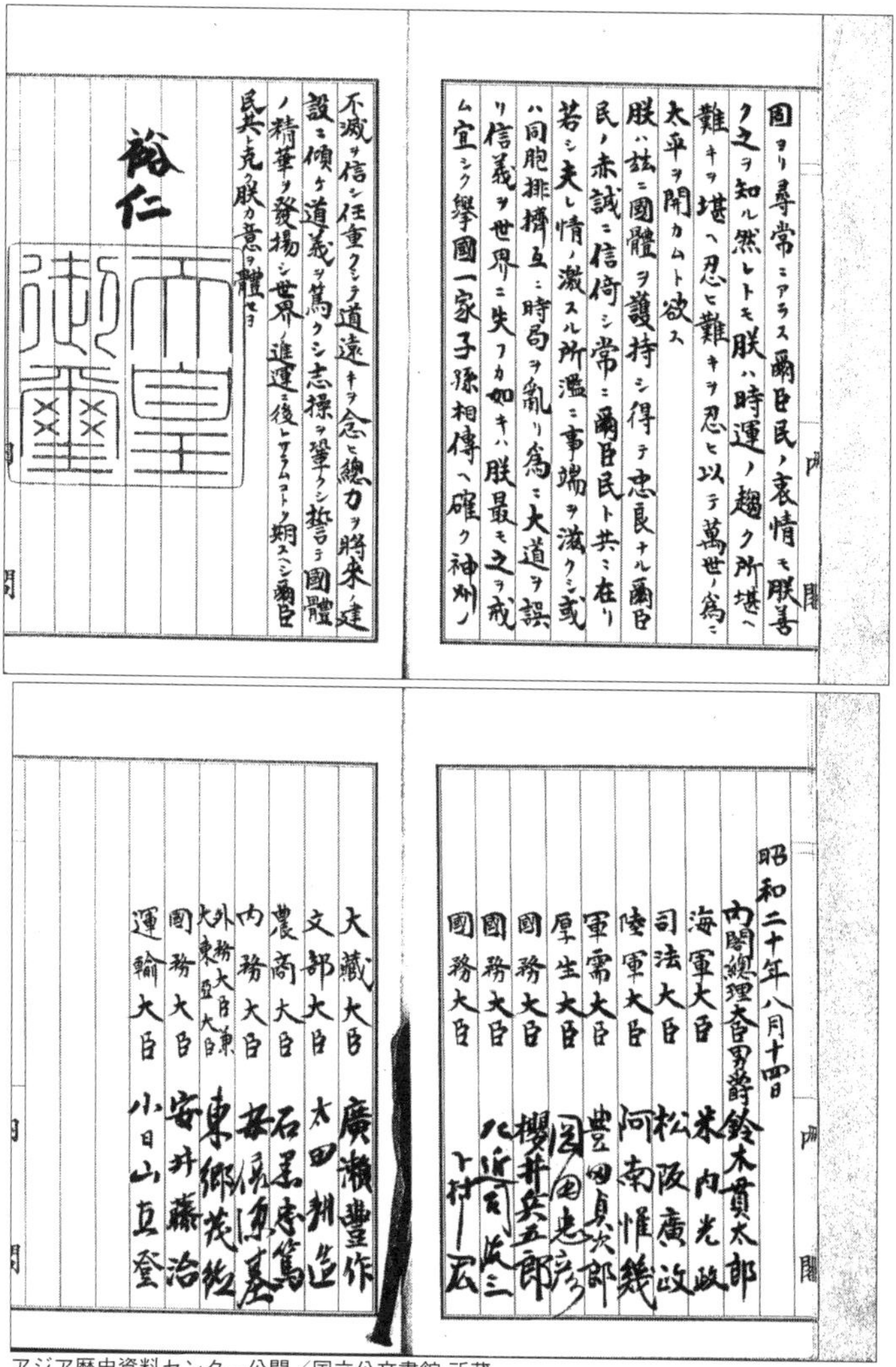
固ヨリ尋常ニアラス爾臣民ノ衷情モ朕善ク之ヲ知ル然レトモ朕ハ時運ノ趨ク所堪ヘ難キヲ堪ヘ忍ヒ難キヲ忍ヒ以テ萬世ノ爲ニ太平ヲ開カムト欲ス

朕ハ茲ニ國體ヲ護持シ得テ忠良ナル爾臣民ノ赤誠ニ信倚シ常ニ爾臣民ト共ニ在リ若シ夫レ情ノ激スル所濫ニ事端ヲ滋クシ或ハ同胞排擠互ニ時局ヲ亂リ爲ニ大道ヲ誤リ信義ヲ世界ニ失フカ如キハ朕最モ之ヲ戒ム宜シク擧國一家子孫相傳ヘ確ク神州ノ不滅ヲ信シ任重クシテ道遠キヲ念ヒ總力ヲ將來ノ建設ニ傾ケ道義ヲ篤クシ志操ヲ鞏クシ誓テ國體ノ精華ヲ發揚シ世界ノ進運ニ後レサラムコトヲ期スヘシ爾臣民其レ克ク朕カ意ヲ體セヨ

裕仁

天皇御璽

昭和二十年八月十四日

内閣總理大臣男爵 鈴木貫太郎
海軍大臣 米内光政
司法大臣 松阪廣政
陸軍大臣 阿南惟幾
軍需大臣 豊田貞次郎
厚生大臣 岡田忠彦
國務大臣 櫻井兵五郎
國務大臣 左近司政三
國務大臣 下村宏
大藏大臣 廣瀬豊作
文部大臣 太田耕造
農商大臣 石黒忠篤
内務大臣 安倍源基
外務大臣兼大東亞大臣 東郷茂徳
國務大臣 安井藤治
運輸大臣 小日山直登

アジア歴史資料センター公開／国立公文書館 所蔵

この詔書も作成者は内閣です。ただし、これは内閣ではないのではないか、天皇なのではないかという議論の余地はあるでしょう。天皇の御聖断があったから終戦したということで作成者を天皇とする説も可能ですし、天皇の御聖断によって作られた形式的には内閣の文だから作成者は内閣であるという説も可能ですし、天皇と内閣の両方が作成者だという説も可能です。ここは議論の分かれるところでしょう。

とはいえ、昭和一六年の詔書の議論が片付かないのに昭和二〇年の詔書の議論はできません。昭和二〇年の詔書に関してはいずれの説も可能だが昭和一六年の詔書に関しては議論の余地がない、というところに留めておくのが科学的態度でしょう。

「昭和天皇独白録」や「富田メモ」はゲテモノ

『昭和天皇独白録』は、昭和天皇が一九四六年に戦前と戦中の出来事に関して側近に語ったとされる談話をまとめたものです。月刊誌『文藝春秋』一九九〇年一二月号に全文が掲載され、たいへんな話題となりました。

各界にものすごい反響を呼び、評論家の小室直樹氏などはすぐさま月刊誌『宝石』一九九一年一月号で「筆者の直感は、これを偽物だと告げる」とする文章を寄稿し、かなりの文字数を使って《「独白」が、とうてい本物ではあり得ない、のっぴきならない証拠をいくつか》あげています。

『文藝春秋』を読み、松岡洋右と平沼騏一郎が昭和天皇に嫌われていることは知っているけれど、宇垣一成もそんなに嫌われていたのか、などと目を輝かせる歴史マニアもずいぶんいたことでしょう。

といった具合に、歴史論争と言えば、コンテンツとしてどうかという話から入るのが普通でしょう。でも、アーカイブはフォーマットの話から入ります。文書学（もんじょがく）の基本は真贋《しんがん》鑑定です。

二〇一七年一二月、昭和天皇独白録の原本がニューヨークの競売にかかり、二二万ドル（約二四七〇万円）で落札されたという報道がありました。落札したのは美容外科「高須クリニック」の高須克弥院長です。

つまり、昭和天皇独白録に関する議論は、ずっと写しで議論されてきていたということです。そもそも原本がどこにあるのかも議論されず、原本を確認しないままに議論が進みました。

偽物だったらどうするのか、写し間違いがあったらどうするのか、ということです。

たとえば、一五七五年の長篠の戦いの研究についても、信長側の鉄砲の数が一〇〇〇丁とも三〇〇〇丁とも言われているのは字の写し間違いが原因ではないかということで古文書の現物を確認しながら議論されています。近現代史の研究は、こうした基本作業をやっていません。

『文藝春秋』には昭和天皇独白録の伝来の素因が書かれています。

昭和二十一年の三月から四月にかけて、松平慶民宮内大臣、松平康昌宗秩寮総裁、木下道雄侍従次長、稲田周一内記部長、寺崎英成御用掛の五人の側近が、張作霖爆死事件から終戦に至るまでの経緯を四日間計五回にわたって昭和天皇から直々に聞き、まとめたものだそうです。

張作霖爆殺事件から始まっているから東京裁判に対応したのだろうと推測がつくのですが、それはコンテンツの話です。その場に同席したという木下道雄侍従次長の日誌に「10時30分～12時、陛下、御風邪未だ御全快に至らざるも、かねての吾々の研究事項進捗すべき御熱意あり。よって御政務室に御寝台を入れ、御仮床のまま、大臣、予、松平総裁、稲田内記部長、寺崎御用掛の五人侍して、田中内閣よりの政変其の他、今般の戦犯裁判に関係ある問題につき御記憶をたどりて事柄を承る」とあり、談話はやはり東京裁判に対応して行われたものだろうとしか言いようがないのですが、それもまたコンテンツの話です。

しかし、フォーマットの議論、つまり、真贋鑑定という議論がまったくないまま東京裁判云々というコンテンツの議論をしたところで仕方がありません。真贋鑑定の前提がなく、そこに字が書いてあるから事実なのだという日本近現代史観の愚かさがここに表れています。写しを目の前にして、まずはオリジナルを見せろよという話が出てこない時点でおかしいのです。

仮に昭和天皇独白録のオリジナルが存在して、そのオリジナルに右記のような「昭和二一年三月〜四月にかけて」といった、この史料はこういう性質のものです、と書いてあったとしたら、それは偽物です。偽物といって悪ければ極めて信用ができない劣等史料です。

昭和天皇独白録は史料等級としては、一次史料です。史料等級は当事者が当時に書いたものほど、しかも非公開のものであればあるほど、等級が上がります。たとえば「原敬日記」は総理大臣である原敬本人がその日のうちに一週間ほどをまとめて書き記している、つまり総理大臣時代にほぼオンタイムでまとめている秘密の日記で、一次史料とされます。手紙も等級は上です。原敬が桂太郎に実際に送った当時の手紙で非公開のものは完全な一次史料です。当時の当事者の史料であり、しかも秘密度が高ければ史料等級が上がります。

なお、史料等級の話をするときに、「三次史料」「四次史料」のような言い方をすることもありますが、単に揶揄の為に言っているだけで、一次史料以外は二次史料です。

さて、「昭和天皇独白録」の史料等級は確かに一次史料なのです。しかし、その史料価値、つまりそれが本当に歴史学で使えるかどうかは全く別の話です。これが本物だとして、高熱でうなされている昭和天皇に無理やり聞き出しているところからすれば、意図があるに決まっています。意図があって聞き出したとすでに自白しているわけです。したがって、偽物と言い切るのは暴論であるということは一歩譲ってよいとしても、極めて恣意的な、極めて史料価値の低い一次史料だと言うことができます。

そうしたことを踏まえて言えば、松岡洋右と平沼騏一郎を昭和天皇が嫌いだったのは通説通りなのでいいとして、なぜ宇垣一成のようなリベラル派、良識派の象徴みたいにされた人が嫌われているのだろうという疑問が浮かびます。書いてあることはそれなりに説得力があります。ただし、ここに名を連ねている松平康昌や寺崎英成といった人たちは近衛文麿の側近であり、宇垣の政敵です。

当時、若槻禮《わかつきれい》次郎《じろう》のような重臣が事あるごと、政変のたびに宇垣を切り札として出せ出せと言っていましたがすべて潰されています。近衛自身もまた、宇垣を外務大臣に据えながら、宇垣が支那事変の和平をまとめようとすれば外務省から権限を取り上げるという、宇垣を後ろから刺すような真似をしています。興亜院設置問題と呼ばれているのですが、宇垣一成はその際に辞表を出しています。政治学

宇垣一成 © 近現代PL／アフロ

者・矢部貞治の書いた伝記『近衛文麿』（読売新聞社、一九七六年）には、宇垣が突然キレたことに近衛はきょとんとしていた、というようなことが書かれているのですが、それは嘘でしょう。近衛は、宇垣から権限を取り上げるために興亜院を作ったのです。

したがって、「昭和天皇独白録」は事実特定には使えないゲテモノです。一次史料ではありますが、これを一級史料として使う人がいれば知性を疑います。側近が高熱にうなされている昭和天皇に自分の主張を言わせただけです。確かに昭和天皇はこの通り喋ったのだとしても、その場にいる人間の意思を強要されて言わされているだけです。検事が被疑者に無理やり言わせてとった調書と同じであり、裁判であれば使えない代物で、事実上の偽文書です。

昭和天皇の御発言については、二〇〇六年に「富田メモ」と呼ばれる代物が話題になりました。元宮内庁長官・富田朝彦《ともひこ》がつけていたとされるメモで、靖国神社参拝に関する発言が記録されているとされます。昭和天皇が靖国参拝をしなかった理由が記録されています。ただし、現物は非公開でした。

これに対しては、「現物を見せろ」で終わりです。現物を見ずに、あるいは見せずに議論するのは反則です。反論のしようがありません。

二〇一四年のＳＴＡＰ細胞をめぐる騒動では、小保方晴子氏はそのために科学者生命を失いました。論文を書いたものの、結果を誰も実験で再現できなかったわけです。

歴史学は、再現性において実験はできません。その代わりに注釈というものがあります。その注釈に当たれば、論者が主張した通りのこと、またそれを裏付けることが書いてあるのが確認できます。たとえば、昭和天皇はかくかくしかじかのことを言いました、富田メモのこの部分に書いてあります、としたところで、富田メモの現物を見ることができなければ、再現以前に確認ということができません。

したがって、富田メモを持ってきて、そこに書いてあるという昭和天皇のお言葉を政治利用した人たちはたいへん罪が深いと言うことができるでしょう。

同系列の話として、『武功夜話―前野家文書』（吉田蒼生雄・訳、新人物往来社、一九八七年）という刊行物があります。一九五九年の伊勢湾台風によって愛知県の旧家の崩れた土蔵から発見された「前野文書」を編集したものだというのですが、その原本は公開されていません。

また、『椿井文書―日本最大級の偽文書』（馬部隆弘、中央公論新社、二〇二〇年）の出版で、最近話題になっているものに「椿井文書《つばいもんじょ》」という壮大な偽文書があります。著者の大阪大谷大学准教授の馬部《ばべ》隆弘氏によれば、江戸時代後期に国学者の椿井政隆が中世のものとして偽作したとされる古文書で、手紙、証文、系図、地図など近畿地方に数百点残っています。ここまで来ると偽作のレベルが高すぎて別次元となります。

富田メモは椿井文書とは次元の違うレベルの低いもので、証拠を出さないまま証拠があると裁判所で言っているだけのようなものです。富田メモの存在は二〇〇六年七月二〇日の日経新聞で初めて報道されました。日経の取材グループによれば、本当に書き取ったのか実物を見せてくれという要請に富田氏は応えなかったといいます。

これでは学問ではありませんし、科学ではありません。議論はすべて実物を見てから始まるのですが、それが欠落しています。日本の文書に対する意識は、文書学の知識がない、伝来の素因が論外である、そして、それはさておき実物を見せろよ、というところにまでどんどんレベルが低くなっているのです。

ちなみに、ヒトラーがユダヤ人虐殺を命令した文書の実物を示せというのは難しい話です。しかし、ナチスの独裁者がヒトラーであり、ナチスがユダヤ人を殺しまくっており、一〇〇万人か六〇〇万人かの議論があってもゼロではないというのは事実です。文書が示せないからその事実はなかったというのは通用しません。そういった形式主義は、さすがにあからさまな事実の前では無力です。

ノモンハン事件と歴史学の貧困

ソ連崩壊後、一九三九年に発生したノモンハン事件の新史料が発見された際、その調査にあたってロシア側は同国国立の公文書館館長が赴いたが日本側は作家の半藤一利氏が行った、ということがありました。ロシア側の館長は歴史学者でアーカイブの専門家であり、ノモンハン事件にも詳しいというだけではなく、文書学に長けた公文書の専門家です。

二〇〇〇年代初頭、当時の国立公文書館の館長は菊池光興元総務事務次官で、福田康夫当時官房長官の肝いりで就任した人でした。『公文書問題と日本の病理』（前掲）には、《旧首相官邸で行われた新年祝賀式で森喜朗内閣の福田康夫内閣官房長官から「四月に独立法人になる国立公文書館の館長を引き受けてほしい」と耳打ちされた》、《国立公文書館はすでに設立から三〇年を経ていたが、公文書の移管は公文書館長が各省次官との折衝を経なければできなかった。それが、四月以降は国の機関の看板を降ろし、独立行政法人になる。それでなくても軽く見られがちだった公文書館の地位を保つだけではなくいかに高めていくか。この難題に取り組むためには、総務次官を経験し、各省庁に太いパイプを持つ菊池氏のような人物がどうしても必要だったのである》、

ノモンハンの平原を進軍する日本陸軍

と書かれています。

菊池氏は、アーカイブの専門家ではありませんでした。事務次官を経験していますから公文書を扱っていたのは当然ですが、公文書の専門家が公文書（こうもんじょ）の専門家、そしてノモンハンに関して詳しいロシアの歴史学者と対等に議論できるかと言えば別問題です。作家であろうが教授であろうが関係なく近現代史の研究者は物知りですから、半藤さんお願いします、といったことだったのでしょう。

近現代史研究においては、プロとアマを分かつものがありません。ちなみに中世史研究はきわめて素人に優しい世界です。『戦国時代の大誤解』（ＰＨＰ研究所、二〇一九年）の著者、鈴木眞哉氏は全くアカデミズムの人ではありません。『信長軍の司令官―部将たちの出世競争』（中央公論新社、二〇〇五年）をはじめ信長に関する著作で人気の高い谷口克広氏、『再検証長篠の戦い―「合戦論争」の批判に答える―』（洋泉社、二〇一五年）の著者、藤本正行氏もアカデミズムの人ではありません。実力があればプロ認定される世界であり、鈴木氏も谷口氏も藤本氏も、全員、文書学の知識は豊富です。

近代史が文書学を疎かにしているから、現代史が文書管理術を疎かにしているのは当然です。

慰安婦問題に帝国陸軍が関与した⁉

アジア歴史資料センターで検索窓に「慰安婦」と入力してみましょう。一一件ヒットしますが、私が検索した時にトップに出てきた資料は次の通りです。

レファレンスコード　C07092262800
件名　重大なる軍紀違犯事項報告
作成年月日　昭和17年9月5日
作成者　第四十師団長青木成一
組織歴　陸軍省

資料を閲覧すると、画像として三枚あり、一枚目が鏡つまり表に添える文書で、「陸軍大臣　東條英機殿」とあります。第四十師団長の青木成一という人が東條英機という陸軍大臣に送った文書だということがわかります。

二枚目の先頭に、「発生月日時昭和十七年六月十九日〇八三〇」、違反事項の概要が、「炊事係が馴染みの慰安婦に会いにいこうとして空出張した」という内容の文章があります。違反した者の個人名は隠してあります。個人情報を隠すことを「マスキング」と言います。日本語では「黒塗り」です。

一枚目の鑑文には、たくさんの押印があります。陸軍大臣官房が処理していることがわかります。上の方の欄外に夥《おびただ》しい数の小型の押印があります。

歴史学は、実は、誰が判子を押しているのか、それを特定するところから始まります。そういう作業を積み重ねていくのが歴史学であり、歴史学の基本を抜きにして、いわば無理やり好き勝手を言うから左の人たちの言うことには説得力がなく、同じ理由で右の人たちも有効な反論ができない、ということです。

そもそも、「慰安婦」というキーワードで一件しかヒットしないのはおかしな話です。目録がしっかりとできていないためです。歴史問題を解決しろと言うのであれば、慰安婦に関する史料がしっかりと検索できるように目録を作れ、政府はその予算をつけろ、と特に左の人々は声を上げなければいけないはずです。

アジア歴史資料センターのウェブサイトにはその開設経緯に、《平成6年8月31日、当時の村山富市総理は翌年の戦後50周年を記念して「平和友好交流計画」に関する談話を発表し、この計画の中で「かねてからその必要性が指摘されているアジア歴史資料センターの設立についても検討していきたい」との言及があり》、それを受けて開設されたものだと書いてあります。

慰安婦という記述のあるものをすべてデータベースに入れろと官房長官が指示し、予算をつけて作業人員を用意すればよいのです。それが議論のスタートです。いきなりイデオロギーとコンテンツから入るからわけのわからない議論になります。歴史問題を解決しようと思うなら、まずフォーマットから入らなければいけません。


ところで、アジア歴史資料センターは「24時間、365日、世界中どこからでも、無料でアクセスできる」が売りの、インターネット史料館です。名前は資料館で、最初は「日本がアジア諸国に対して行った悪行を未来永劫、全世界に公開しよう」との意図で開設されましたので、「資料」の字を使っていますが、そんな意図は忘却の彼方に消え去っています。アジ歴の職員の中に心ある人がいて骨抜きにしたのかもしれませんが、たぶん何も考えていないお役所仕事の産物でしょう。

当初は、国立公文書館、外交史料館、防衛研究所の所蔵史料の多くが映像で公開され、出典さえ明記しておけば引用は自由でした。今でも国立公文書館、外交史料館の史料は引用自由です。

ところが、防衛研究所所蔵史料のみは「画像の引用には事前の申請」の謎ルールが発生していました……。

いつのまに？

責了三日前にその事実を知ったワニブックスの編集者は大慌てで防衛省防衛研究所に電話したところ、担当者は不得要領。「とにかく申請してください」の一点張り。編集者も「いちいち許可が必要なら、なんでインターネットで公開しているんだ？」と詰め寄るが、電話の担当者そんなことを言われても、なすすべがない。

そこで編集者に相談された私は「じゃあ、防研の史料は画像抜きでいきましょう。個人情報がらみなんで許可が下りない可能性もありますし、強行出版して回収騒ぎなってもイヤですし」と決断。ということで、国立公文書館の史料はアジ歴の画像があるのに、防衛研究所の史料は、画像抜きです。

ちなみに当該史料の現物を防衛研究所で閲覧したところ、「重大なる〜」と題する鑑文だけは閲覧可能でしたが、添付の報告書は封筒に閉じられていました。

だから、防研で『大日記』を閲覧している閲覧者は「なじみの慰安婦に会いたくてカラ出張した兵士を処罰した件を師団長が、陸軍大臣の東条英機（総理大臣を兼務している）に対して報告している公文書」を見ることができませんが、中身は（個人名はマスキングして隠されているとはいえ）インターネット上でバッチリ確認できます。

どうしてこうなったのか、本当に謎ですが。

いちいち引用許可を申請しなければならないのなら最初からインターネットで公開などしなければいいのですし、インターネットで公開するなら引用許可など不要とすべきです。こういうところが、日本のアーカイブは遅れています。より正確に言うと、アジ歴開設当初はちゃんとした運用をしていたので、遅れていると言うより退化したというべきですが。

公文書の管理を問題にするなら、特に日ごろは「公開せよ！」と役所をバッシングしている方々は、こうした公開のあり方をこそ問題にしていただきたいものです。

文書管理（アーカイブ）は、イデオロギーとは何の関係もありません。

第一次世界大戦、大掃除の片手間にドイツを破ったという証拠

アジア歴史資料センターの保管文書から、いくつか興味深いものを紹介しておきます。

レファレンスコード　C02031866700
件名　故陸軍省小使矢川覚全死傷手当給与の件
作成年月日　大正4年1月
作成者　陸軍大臣官房
組織歴　主務局

大正四年ですから一九一五年、第一次世界大戦の最中、ドイツに宣戦を布告した翌年の文書です。閲覧すると、「大正三年十二月二十九日省内大掃除實施に際し過度の労働に服し心悸亢進呼吸促迫眩暈を起こし」とあり、明治三四年から勤続の矢川覚全という小使い

がいて、省内大掃除の最中に呼吸困難を起こして死んでしまったので金八十一円を扶助するという内容の文書です。

ドイツへの宣戦布告は大正三年の八月ですから、要するに、大掃除の片手間にドイツと戦争をしていた、当時の帝国陸軍はどれくらい強かったか、ということさえ物語っています。この文書の一枚目の鏡を見ると、大臣の花押があります。当時の陸軍大臣は岡市之助で、この花押は「岡」のくずしです。つまり、大掃除の最中に死亡した小使いへの扶助給付を大臣が決済していたということです。

調べ出して見つけて考える、こうしたことを日夜積み重ねているのが歴史学者という人種です。ちなみにこの文書はレファレンスコードを使えば簡単ですが、「陸軍　大掃除」というキーワードでも一発で出てきます。

レファレンスコード　C02031767000

件名　演習費を以て万年筆購入に関する件

作成年月日　大正3年4月～大正3年5月

作成者　主計課
組織歴　主務局

これは文字通り、「演習費を以て万年筆購入に関する件」です。演習費が余ったので万年筆を買って会計検査院に何をやっているんだと怒られている、という文書です。陸軍軍閥というものの実態と力を示している文書です。明治四五年に行われた演習における検査結果で、第一次世界大戦を控えて何をやっているんだこいつらは、という話でもあります。

少々意地悪に指摘をしておきますと、アジア歴史資料センターによれば、陸軍は昭和一二年時点で「野獣重砲」という新兵器を持っていました。検索窓に「野獣重砲」と入れると一件、ヒットします。これは、「野戦重砲」の間違いで、検索用にテキストを起こした時、作業員が「戦」の字が旧字体でしかもくずして書いてあったのを見誤って「野獣重砲」と入力してしまいそのままになっているためです。ちなみに、「野戦重砲」で検索すると二七二九件ヒットします。

徴用の関係文書

アジア歴史資料センターで「強制徴用」というキーワードで検索してヒットするのは一五件です。「強制連行」はヒットしません。「徴用工」は徴用工員の一部文字列として六〇件ヒットします。

強制徴用を行ったなどと日本軍が自分で書いている史料など出てくるわけがありません。「徴用」のみで検索すると、徴用は歴史的事実で日本人もまた徴用されていますから、そのせいもあって一六一四件ヒットするのですが、「徴用解除者連名簿」だとか、「済南空軍関係機関に於いて徴用中の飯田中尉以下五名の徴用を解除し……」といった具合に、「徴用」といってもいろいろな言葉遣いがあることがわかります。

したがって、アジア歴史資料センターで「徴用」という言葉が含まれる文書をすべて拾えるようにして、意味の違いを整理しなければ議論は始まりません。

たとえば、戦国時代、「天下」という言葉が人によって近畿を指していたり、それこそ列島全体を指していたり、それぞれで意味が違っているところから見直すような研究をしなければいけません。いきなりイデオロギーを始めてしまうのは、問題の解決をこじらせるだけです。

満洲事変の関係文書

国立公文書館の「公文類聚・第五五編・昭和六年」七ノ四に、満洲事変に関する重要な文書があります。アジア歴史資料センターには次のように整理されている文書です。

レファレンスコード　A01200627700
件名　昭和六年九月十八日夜生起セル事件ヲ事変ト看做ス旨ヲ定ム
作成年月日　昭和6年9月21日
作成者　記入なし
組織歴　記入なし

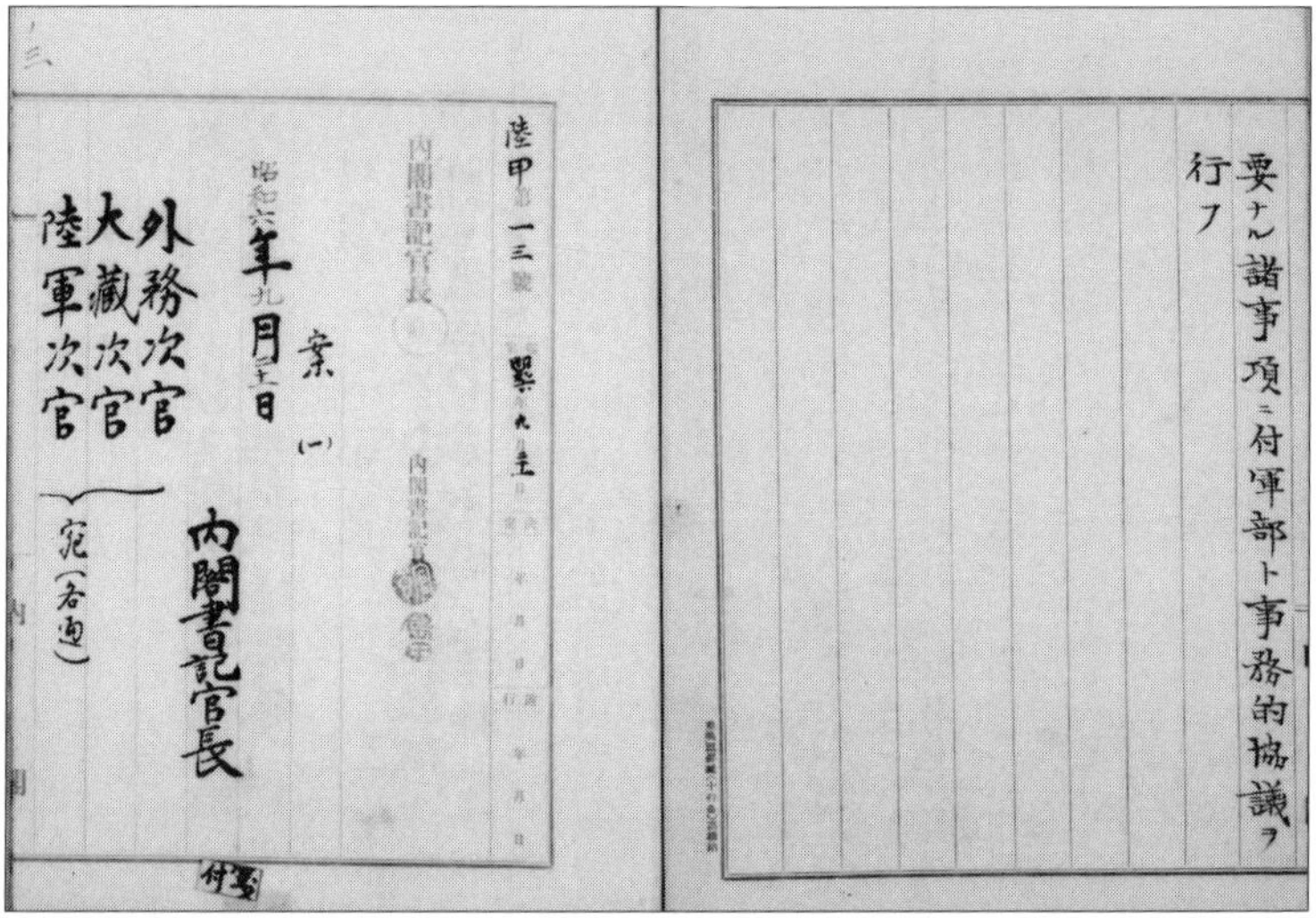
要ナル諸事項ニ付軍部ト事務的協議ヲ行フ

陸甲第一三號
内閣書記官長
昭和六年九月二十二日
案（一）
外務次官
大蔵次官
陸軍次官
宛（各通）
内閣書記官長
付箋

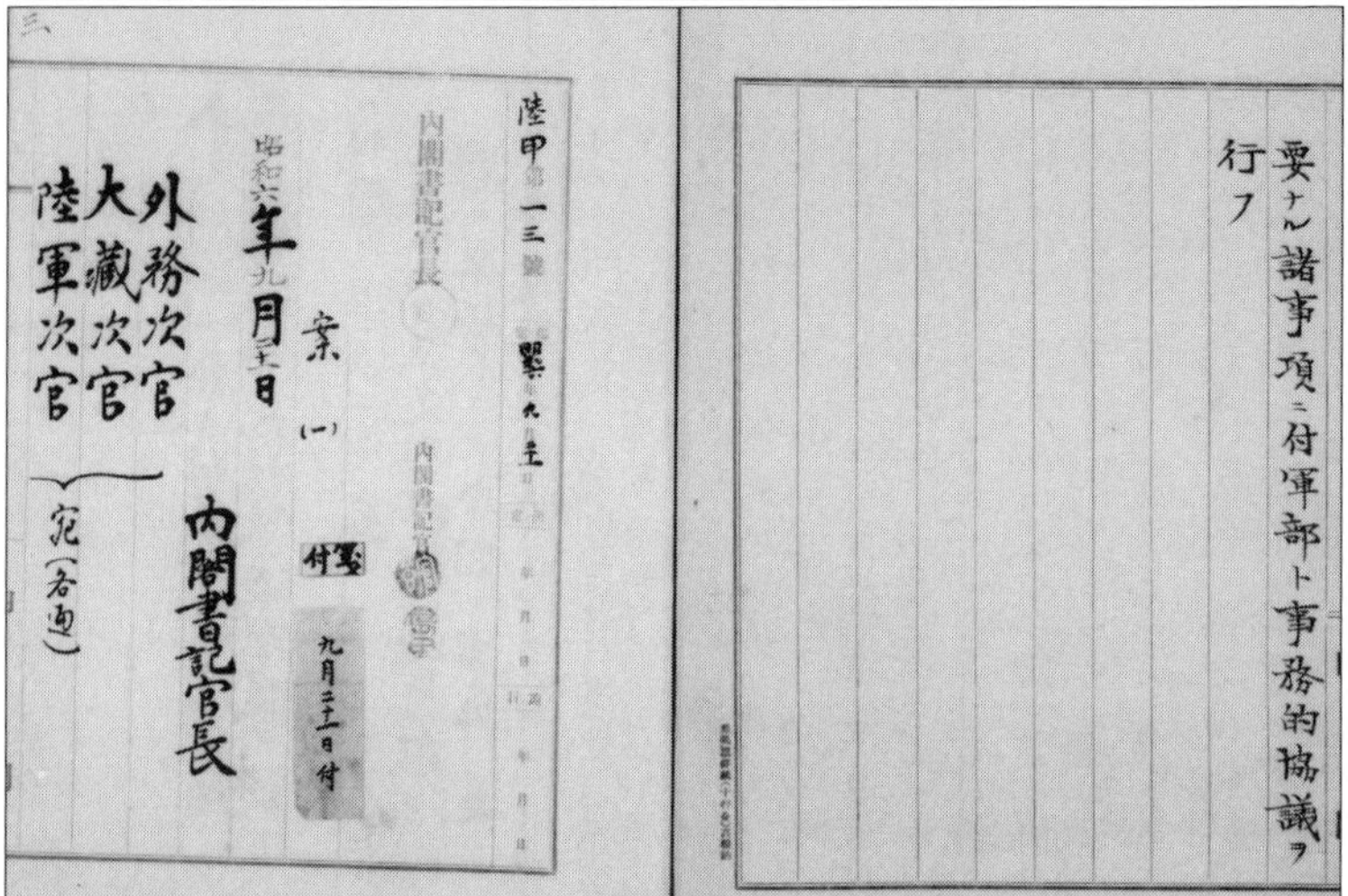
要ナル諸事項ニ付軍部ト事務的協議ヲ行フ

陸甲第一三號
内閣書記官長
昭和六年九月二十二日
案（一）
外務次官
大蔵次官
陸軍次官
宛（各通）
内閣書記官長
付箋
九月二十二日付

アジア歴史資料センター公開／国立公文書館 所蔵

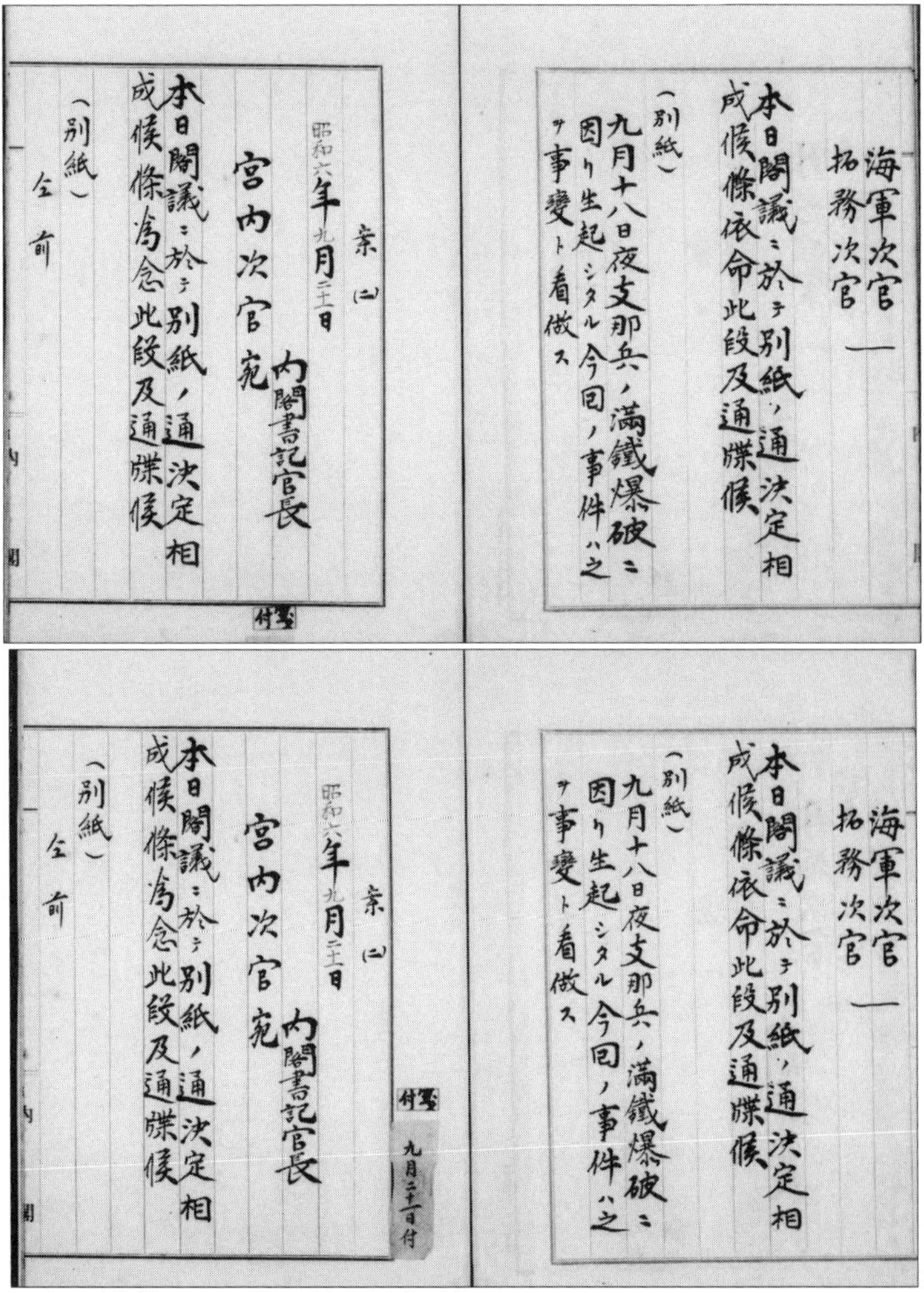

海軍次官
拓務次官　―
本日閣議ニ於テ別紙ノ通決定相
成候條依命此段及通牒候
（別紙）
九月十八日夜支那兵ノ満鐵爆破ニ
因リ生起シタル今回ノ事件ハ之
ヲ事變ト看做ス

案（二）
昭和六年九月二十日
宮内次官宛
内閣書記官長
本日閣議ニ於テ別紙ノ通決定相
成候條為念此段及通牒候
（別紙）
仝前

海軍次官
拓務次官　―
本日閣議ニ於テ別紙ノ通決定相
成候條依命此段及通牒候
（別紙）
九月十八日夜支那兵ノ満鐵爆破ニ
因リ生起シタル今回ノ事件ハ之
ヲ事變ト看做ス

案（二）
昭和六年九月二十日
宮内次官宛
内閣書記官長
本日閣議ニ於テ別紙ノ通決定相
成候條為念此段及通牒候
（別紙）
仝前

九月二十日付

アジア歴史資料センター公開／国立公文書館 所蔵

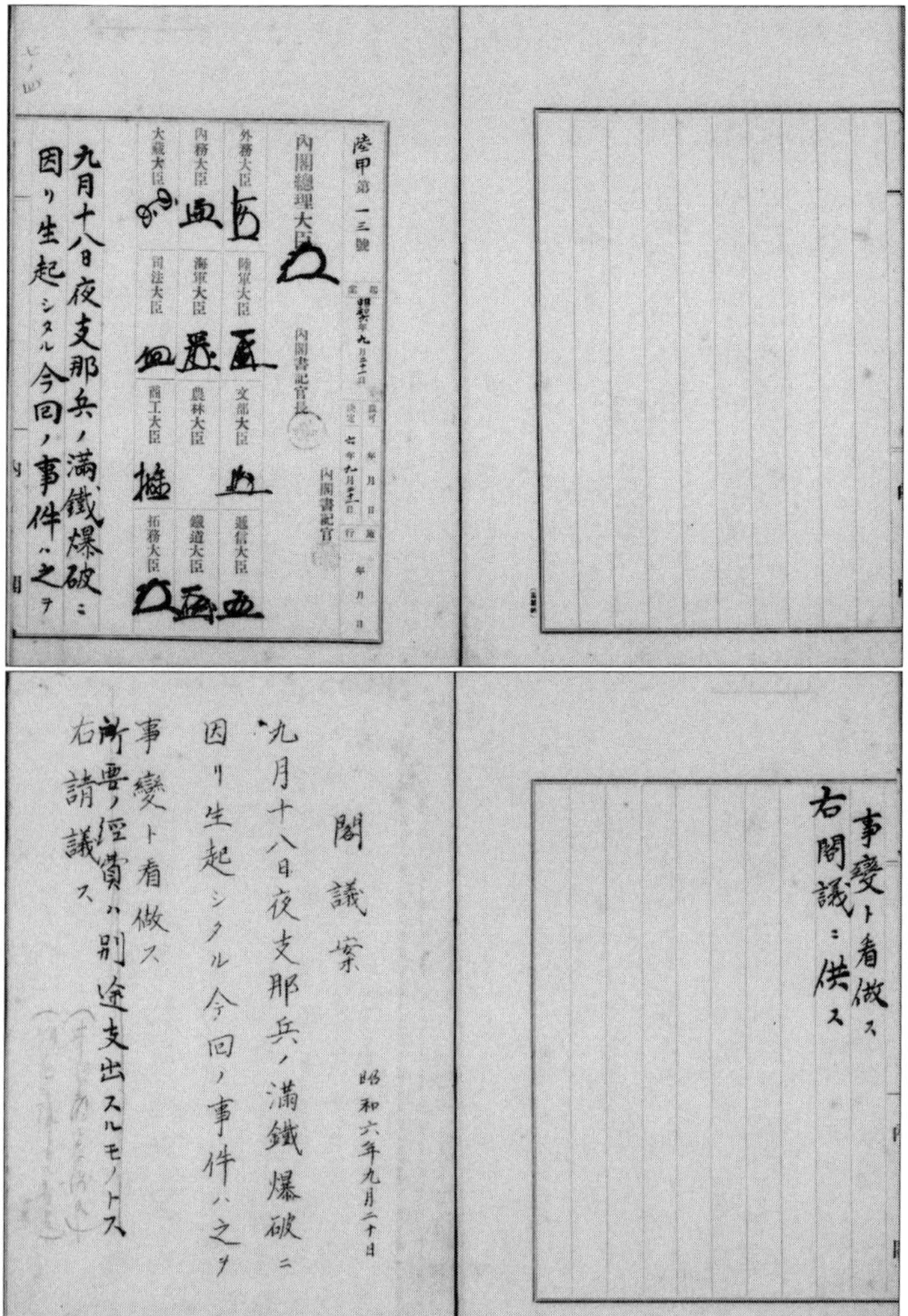
陸甲第一三號
内閣總理大臣
外務大臣
内務大臣
大藏大臣
陸軍大臣
海軍大臣
司法大臣
文部大臣
農林大臣
商工大臣
遞信大臣
鐵道大臣
拓務大臣
内閣書記官長
内閣書記官
九月十八日夜支那兵ノ滿鐵爆破ニ因リ生起シタル今回ノ事件ハ之ヲ
事變ト看做ス
右閣議ニ供ス

閣議案
昭和六年九月二十日
九月十八日夜支那兵ノ滿鐵爆破ニ因リ生起シタル今回ノ事件ハ之ヲ事變ト看做ス
所要ノ經費ハ別途支出スルモノトス
右請議ス

アジア歴史資料センター公開／国立公文書館 所蔵

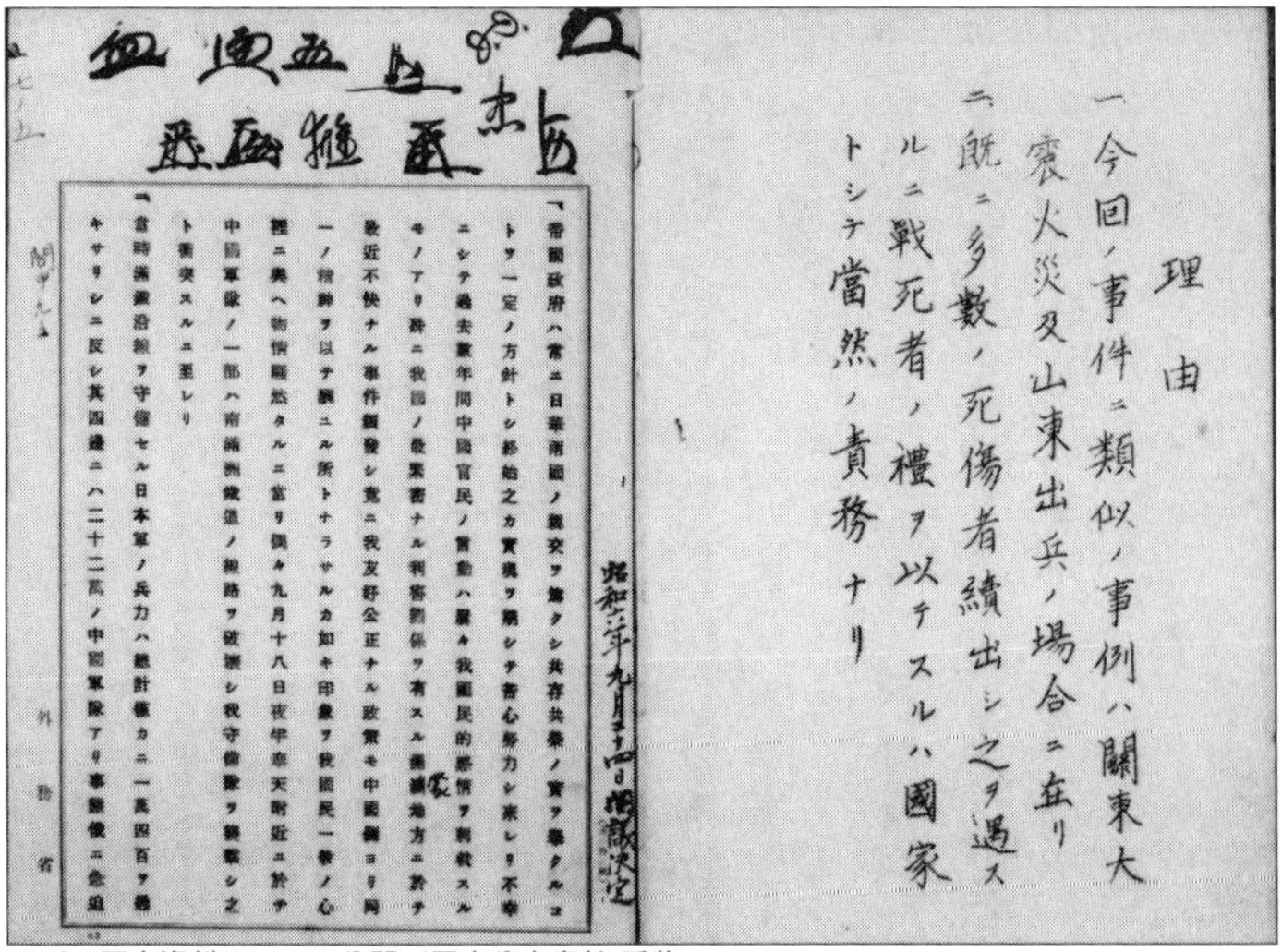

理由

一　今回ノ事件ニ類似ノ事例ハ関東大震火災及山東出兵ノ場合ニ在リ既ニ多数ノ死傷者続出シ之ヲ遇スルニ戦死者ノ禮ヲ以テスルハ國家トシテ當然ノ責務ナリ

昭和六年九月二十四日閣議決定

「帝國政府ハ常ニ日華兩國ノ親交ヲ篤クシ共存共榮ノ實ヲ擧クルコトヲ一定ノ方針トシ終始之カ實現ヲ期シテ苦心努力シ來レリ不幸ニシテ過去數年間中國官民ノ言動ハ屢々我國民的感情ヲ刺戟スルモノアリ殊ニ我國ノ重要ナル利害關係ヲ有スル滿蒙地方ニ於テ最近不快ナル事件續發シ竟ニ我友好公正ナル政策モ中國側ヨリ胸一ノ精神ヲ以テ酬ユル所トナラサルカ如キ印象ヲ我國民一般ノ心裡ニ與ヘ物情騒然タルニ當リ偶々九月十八日夜半奉天附近ニ於テ中國軍隊ノ一部ハ南滿洲鐵道ノ線路ヲ破壊シ我守備隊ヲ襲撃シ之ト衝突スルニ至レリ

「當時滿鐵沿線ヲ守備セル日本軍ノ兵力ハ總計僅カニ一萬四百ヲ超キサリシニ反シ其四邊ニハ二十二萬ノ中國軍隊アリ事態僅ニ急迫

外務省

アジア歴史資料センター公開／国立公文書館 所蔵

昭和六年九月二一日の閣議決定の添付物です。満洲事変が起きた時、最終的には支出しましたが、一連の動きに対して経費を出すかどうか閣議で大論争になりました。大蔵省の中では最初から、予算を支出すべきだとの議論があったのです。

「閣議案」としてある、前日九月二十日付の、つまり事変勃発当時の閣議に間に合うように作った資料には、「所要の経費は別途支出するものとす」という一文があり、その一文に取り消し線を引いています。これを「見せ消ち」といいます。「見せ消ち」は、ただ削除抹消するのではなく、そこに何が書いてあったかわかるようにしておく、いわゆるお役所技法です。この文書が意味しているのは、いくら大蔵省が緊縮財政を旨とする役所であっても、「張学良が攻撃してきたので自衛のために反撃した」と報告されれば予算を出さないとは言えない、ということです。

経費を予算計上する理由として、「今回の事件に類似の事例は関東大震災及び山東出兵の場合にあり」「すでに多数の死傷者続出しこれを遇するに戦死者の礼をもってするは国家として当然の責務なり」としています。

経費を支出することに大蔵省が本気で絶対に反対なのであれば「見せ消ち」などはしま

せん。

まとめると以下になります。

①事変発生当初＝予算支出は当然と考える（言い出さないが）

←②閣議で陸軍への批判が強まる＝予算支出はしない方針

←③閣議で予算支出を決定＝予算支出

途中経過を残してくれているので、政策の意思決定過程がわかります。ちなみに、②の段階で幣原喜重郎《しではらきじゅうろう》外相が烈火の如く怒ったので南次郎陸相は孤立しましたが、③の段階で若槻首相が予算支出を認めたので、大蔵省も従ったという経緯がありました。この②③の経緯は他の史料でも知られているのですが、①の段階を示す史料は見たことがありません。貴重な文書です。

日本もアメリカの暗号を解読していた

日米開戦直前、あるいは大戦中、日本の暗号がアメリカに解読されていたのは、よく知られている事実です。しかし、暗号はいつか解かれるものです。「解かれる前提で、いかに時間を稼ぐか」が、暗号の常識です。たとえば、戦争なり外交交渉なりが終わった後に解かれても、何も問題はないわけです。

そして、日本側もアメリカの暗号を解読していました。

外務省外交史料館には、『日、米外交関係雑纂／太平洋ノ平和並東亜問題ニ関スル日米交渉関係（近衛首相「メッセージ」ヲ含ム）「特殊情報」綴』と題する簿冊があります。文書番号はA-1-3-1-1_3_2です。ここにある「A」というのは、「A門」と言って、昭和戦前期の政治的な重要文書を整理した部分です。「政治、外交」と題されています。以下、1類は「帝国外交」、3項は「対諸外国」、1目は「アメリカ」、という風に内容に応じて階層化されて整理されています。

ちなみに明治大正の政治的に重要文書を整理した部分は1門です。私は、アジ歴で非常勤職員として働いていた時、A門と1門はすべてめくりましたので、戦前日本の重要外交史料は一通り目を通しています。

内容の読み込みは一人の研究者の人生すべてをかけても足りないほどの分量ですが、全体像を掴めたのは研究者として貴重な体験でした。

さて、『～「特殊情報」綴』ですが、意図的にわかりにくい文書名にしていますが、アメリカの暗号を解読した記録です。国務省が大使館など在外公館に送った電報を解読、翻訳した文書などがつづられています。別に戦後は非公開史料ではないのですが、平日の午前から夕方の間に六本木の外交史料館に通える人があたりをつけない限り、たどり着けないだけです。

アジ歴の存在によって、「24時間、３６５日、世界中どこからでもインターネットにアクセスできるよう」になりましたが、果たして何人が使いこなせているか。

門、類、項、目の階層に従い、どこにどんな史料があるのかを経験値で身につけるのが研究者です。そして、アジ歴も外交史料館など史料館の目録をそのまま電子化しているだけなので、「史料を使いこなすには経験値が必要」という状況には、何の変化もありません。

ちなみに、アジ歴の目録です。

レファレンスコード　B02030749800
件名　日、米外交関係雑纂／太平洋ノ平和並東亜問題ニ関スル日米交渉関係（近衛首相「メッセージ」ヲ含ム）／「特殊情報」綴

これを見て、「日本の外務省がアメリカの秘密電信を暗号解読した史料だ」などとわかれば、超能力者です。

文書の束を簿冊と言いますが、簿冊の題名は図書で言えば題名、本の名前です。しかし、外交史料館に限らず、中にどんな文書があるのか、中身の目録化はできていないのです。言うなれば、「題名だけあって目次が無い本」のような状態なのです。

本書では、文書管理における整理の重要性を説いてきました。整理とは、目録の作成です。現用で文書を扱っている段階から、整理をしておけば、アーカイブに使えます。

戦前外務省は、特に日米交渉における我が外務省は無能の極みで、アメリカに一方的に

暗号を解読されていたと叩かれ続けましたが、そんなことはありません。

文書管理の要諦は整理、整理とは目録作成の技術。

アーキビストを千人に増やすとの数値目標を掲げるなら、こうした技術論を身につけた中身のある政策にしてほしいと思います。

北方領土、尖閣、竹島、南京……歴史問題を解決するには文書学から

ここまでのお話で、日本近代史の議論に何が欠けているか、おわかりでしょうか。

文書学（もんじょがく）の知識なしに、いきなり中身の議論を始めています。方法論が無いので、これでは「オタク」と変わりません。

日本史において、古代史と中世史は「現存するすべての文書に目を通しておくこと」が専門家、プロの学者となる条件です。肩書が教授であろうがなんであろうが、自分が専門とする時代の現存するすべての文書に目を通し、文書学を身につけています。

戦国時代からは「新史料発見」があります。江戸時代は、普通の国では字が読めるはずもない階層の人たちにまで識字率が広がります。そうした庶民が残した文書は地方文書（じかたもんじょ）と呼ばれ、ほぼ無限大の分量となりますから、そのすべてに目を通すのは不可能です。しかし近世史においても、武家文書は中世以来の文書学に基づいて読まれます。歴史学としての方法論は確立されています。

では、近代史はどうでしょうか。

ここまで見てきたように、いきなり中身の議論を始めて、文書学の概念すらありません。その史料が本物かどうかすら確認せずに、文書に書かれてある文字について議論を始めだします。

方法論さえしっかりしていればきちんとした議論になって国益が守られるのかというとそうではないのですが、だからといって方法論を無視した議論が正当化されるわけではないでしょう。

ロシアともめている北方領土に関しては、外交史料館に膨大な記録が残っていて、外務省が『日本外交文書』として活字化してくれています。また、現物はアジ歴で閲覧できます。外交交渉の歴史的由来に関しては、ロシアは反論できません。ただ悲しいかな日本には軍事力が無いので、一島も返ってきていませんが。

中国ともめている尖閣諸島に関しては、出てくる史料のすべてが日本に有利です。幸い尖閣は日本が実効支配しているので、中国は漁船を押し寄せるくらいしかできていません。

韓国ともめている竹島に関しても、基本的には日本に有利な史料しかありません。韓国人は鬱陵島《うつりょうとう》を竹島と意図的に誤読するような方法をとるだけです。これも悲しいかな竹島は韓国軍に占領されていて、日本は手も足も出ませんが。

このように歴史史料は外交交渉の武器になります。もちろん外交だけで国際社会で生き抜ける訳ではないのですが、大きな武器になります。仮に軍事力で負けて、歴史史料を提示できなくて外交交渉で負けてしまえば、目も当てられません。

ちなみに領土問題に関する重要な一次史料は、百瀬孝『史料検証日本の領土』（伊藤隆監修、河出書房新社、二〇一〇年）にまとめられているので、ご参考までに。

一番不毛なのは、「南京」論争です。言ってしまえば、マニアの独壇場です。

この場合の「南京」とは、昭和十二（一九三七）年十二月十二日、日本軍が中華民国の首都南京を占領した際に起こったとされる虐殺事件です。これでもかと虐殺否定派が一次史料を出すけれども、肯定派が微に入り細に入り揚げ足取りをする、という構図です。共通の方法論に基づいて議論する、という姿勢がありません。

当たり前ですが、外交交渉はすべて「ポジショントーク」です。外交官は国の立場を代表しているのですから、ポジションを捨てたら売国奴です。しかし、学術においても「ポジショントーク」を持ち込まれているから、歴史問題は悪化の一方です。

昭和の日本の行った戦争（事変）はすべて悪、領土交渉でも周辺諸国の嫌がることを言わないのが、学術的な態度とされてきました。要するに、イデオロギー的に偏向しているのです。

私自身の体験でも、ある学会で「琉球が日本だったなどと、君は学術的な態度ではない」などと詰め寄られたこともあります。

しかし、共産主義者の先生とわかりあえたこともあります。その文書が「いつ、誰に宛てて、誰によって作られた、どのような文書なのか、そしてその文書が発生してからどのような経路で現在までに伝わっているのか」の議論に左右のイデオロギーはありません。

きちんとした文書学の議論を身につけている方とは、思想の違いを超えてわかりあえます。結局、不毛な歴史問題を解決するには、国の内外に、きちんとした文書学を身につけた研究者を増やすことです。迂遠なようで、それが一番近道です。

文書学（もんじょがく）が確立されていくと、いずれ文書学（ぶんしょがく）あるいは実務で使う文書術にもつながっていくでしょう。

国であれ人であれ、武力や財力も大事ですが、最も大事なのは知力だと思います。どうやって武力や財力を使うのかが、知力ですから。

おわりに

昨年六月、私は救国シンクタンクをたちあげた。八月には一般社団法人化し、色々と「国を救おう！」と動いてきたが、まだまだ緒についたばかりだ。救国シンクタンクにおいて、私自身は研究テーマを「アーカイブ（文書管理）」と定めた。本書は、その研究成果の披露とも言える。

本書は意図的に、講演のような文体にした。世に「文書管理」「アーカイブ」と名の付く本は多いが、そのどれもがとっつきにくい。イデオロギー的に偏向していたり、学術的過ぎて普通の人にはついていけなかったり。

ただ、「文書管理」に関する一般の関心は、極めて高まっている。時に「アーカイブに関する、普通の社会人が読めるような入門書はありませんか」と聞かれることもある。そのたびに「ない。だから今度、私が書く」と約束してきた。それが本書だ。

「文書管理」「アーカイブ」と聞くと「左翼の政権批判」のようなイメージがついているが、

本当は中立的で、学術的で、そして一般の人が日常的な仕事に使える、魅力的な世界なのだと語りかけたかった。だからあえて、「講演でしゃべった文章そのまま」と思わせる文体で統一した。

本書の第一の〝観客〟は、倉山工房の尾崎克之さんだ。本書執筆時に身辺が多忙となり、色々な理由で不調に陥った私を支えてくれた。私の指示も混乱し、尾崎さんには相当に迷惑をかけただろうと思う。最後には工房の細野千春さん、雨宮美佐さん、米内和希さんと、大量動員体制になった。

普段は読者の方には関係のない楽屋裏の苦労話など書かないのだが、本書ではあえて書いた。最終的に自信作になったから書けるので。私の長年の研究成果の一端を、一人でも多くの方にご覧いただければと願う。

シンクタンクの研究成果が一般書になるなどありえないが、幸い（一般社団法人）救国シンクタンクは編集者に恵まれている。長年の付き合いであるワニブックスの川本悟史さんは早くからアーカイブ（文書管理）に興味を持っていただき、「いつかアーカイブの本を」と言ってくださっていた。まさかアーカイブの本をこのような晴れがましい形で出せるとは想像もしていなかった。ありがたいことだ。本書上梓の大きな部分を川本さんの強烈な情熱に負っている。

最後に、本書を書き終えるにあたって、思い出ばなしを。

私は中央大学大学院文学研究科日本史学専攻での十年間を、日本近代史の泰斗であられる鳥海靖先生の指導下ですごした。

ある日の鳥海ゼミである。私は修士論文に向けて、満洲事変について発表していた。その時、単位互換制度でゼミを聴講していた韓国人留学生が「倉山さんは、満洲事変を日本の侵略戦争だと認めないのですか？」と頭ごなしに質問してきた。口調こそ穏やかだったが、言っていることは詰問だ。これに対し私は「認めません。戦争ではなく、事変ですから」と切り返した。たぶん韓国人留学生、思考が停止したのだろう。帰ってしまった。

別に「侵略ではなく自衛である理由」などいくらでも言える。しかし、立場を共有しないでそんな反論をしても、永遠に平行線の口喧嘩になるだけだ。だから、「自衛か侵略かの前に、戦争ではなく事変だとの事実を認めよう」と立場の共有をはかったのだが、この場では失敗した。

あとで師匠に諭されたのだが、結局、文学部史学科では、史料を持ち出して証拠とする議論は許容されても、隣接学問を用いて理屈をこねる議論は嫌われるのだ。国際法など持ち出したら異分子だ。鳥海先生も、若いころは左翼のイデオロギーに染まった歴史学界と体を張って戦われていたので、説得力がある。

ただ、史料に書かれた文字を見て議論らしき感想を述べている周囲に、どうしてもなじめなかった。要するに、「活字化されていない史料を見つけてきた、その読書感想文」を歴史学の論文と称している連中と仲良くなれなかった。

修士論文で「満洲事変期の協力内閣運動」を書いたので、周辺分野を一通り勉強した。満洲事変の専門家がこれくらいのことは知らねばならないだろう、と中国史やアメリカ史も研究した。そのうちに、バルカンまで含めたヨーロッパ史に没頭した。協力内閣とは、昭和初期の二大政党による大連立内閣である。政治学の議論を一通り押さえたし、帝国憲法も学んだ。そのうち、日本国憲法で非常勤講師の職を得ることとなり、遅まきながらイギリス憲法も学んだ。

周りからは「あいつは専門の勉強をしないで、なにをやっているのだ」と言われ続けた。

そういう白眼視をされなかった目上の人は、鳥海先生とあと誰だろう……。

ちなみに昔の私は「鳥海先生の他にいなかった」みたいな断定的な言動をしていたが、「そういう時は含みを残しなさい」と諭してくださったのが、鳥海先生である。今になって、「親父の小言」が身に染みる。

とはいうものの、大学院で私は個人的な言動としては問題児でも、学問においては優等生であろうとした。歴史学とは、あらゆる史料を用いて事実を再現する学問である。中心は史料である。では、その史料を感想文の如く読むだけで学問たりうるのか。

これは隣接分野に興味を持たない傾向が強い日本史学者はお互いに知らないだろうが、古代中世近世専門家と近代史の専門家がやっていることは、似て非なるものなのである。

具体的な一例をあげると、大学院入試の問題が違う。

私が博士課程の入試を受けた際の問題は、今でも覚えている。崩し字の史料（戦時中の宮廷官僚・木戸幸一の日記）を見せ、日付を黒塗りし、「雪」とある。崩し字を解読し、これが何年何月何日かを当てよ、という問題だった。

選択問題だったので他の専攻の受験生（つまり私の同級生）は恐れをなしてこの問題を

解かなかった。対して私にとっては楽勝問題である。木戸の崩し字は、根性を出して眺めていれば読める。ちなみに正解は「昭和十一年二月二十六日」、少し読めば二・二六事件の当日の日記だとわかる。

一方、前近代の問題は「この文書に名前を付けよ」である。研究者としての入り口で、文書学の素養が問われる。世界が違うのだ。

近代史は「すべての文書を読むのは不可能」と、文書学を疎かにしてきた。だからこそ私は、文書学にも取り組んだし、アルバイト先のアジア歴史資料センターで目録の重要性を訴え続けた。目録とは、文書整理の成果だ。

アーカイブをかじってからの私は周囲から見ても、さらなる生意気な人間と映っただろう。実際、今の私はアカデミズムに籍を置いていない。「ネット保守の世界で少しばかり人気が出て、本が売れている人間」くらいに思われているとか。確かに師匠の恩に学問によって報いたとは言えないので、不肖の弟子であるには違いないのだが。

そして、インターネット全盛の時代だからこそ、しっかりとした本の意義だけは問い続けたいと考えている。ネットにかいてあることがすべて真実、などありえないし嘘や間違いも本より圧倒的に多いのだから、「ネットの人間」と言われると違和感がある。

昨年三月のコロナ禍が始まったころ、東京大学教養学部准教授の杉山清彦先生から「鳥海先生が亡くなった」との伝言をいただいた。鳥海先生は中大の前は東大教養学部にいたので、そちらには伝わっていたらしいが、マスコミに訃報を伝えることはなかったとのことだ。

私が一般書（自分では教養書と思っている）を出す仕事を始めてからは、折に触れて鳥海先生にお電話したが、つながることはなかった。学界においても、歴史学界に背を向け、すっかり憲法学界に移ったかのような不肖の弟子だったので、しかたない。

ただ、電子辞書を自称する情報集積所であるウィキペディアの「鳥海靖」の項目では、師匠はまだ存命ということになっている。インターネットの情報が、いかに頼りにならないか。

孝行したいときに師匠なしを痛感しているが、私は私なりに歴史学を真摯に学び、社会に貢献しようとしてきた証として、本書を世に送り出したいと思う。

倉山満（くらやま みつる）

1973年、香川県生まれ。憲政史研究家。

（一般社団法人）救国シンクタンク理事長・所長

1996年、中央大学文学部史学科国史学専攻卒業後、同大学院博士前期課程を修了。在学中より国士舘大学日本政教研究所非常勤研究員を務め、2015年まで日本国憲法を教える。2012年、希望日本研究所所長を務める。著書に、『ウッドロー・ウィルソン　全世界を不幸にした大悪魔』『明治天皇の世界史　六人の皇帝たちの十九世紀』（いずれもPHP新書）『検証　検察庁の近現代史』（光文社新書）『嘘だらけの日米近現代史』などをはじめとする「嘘だらけシリーズ」『帝国憲法の真実』『13歳からの「くにまもり」』（いずれも扶桑社新書）『逆にしたらよくわかる教育勅語―ほんとうは危険思想なんかじゃなかった』（ハート出版）『大間違いの太平洋戦争』『大間違いの織田信長』（いずれもKKベストセラーズ）『バカよさらば　プロパガンダで読み解く日本の真実』『若者に伝えたい　英雄たちの世界史』（小社刊）など多数。現在、ブログ「倉山満の砦」やコンテンツ配信サービス「倉山塾」や「チャンネルくらら」などで積極的に言論活動を行っている。

救国《きゅうこく》のアーカイブ
公文書管理《こうぶんしょかんり》が日本《にほん》を救《すく》う

2021年6月10日　初版発行

著者　倉山満

構　成　尾崎克之
編集協力　細野千春（倉山工房）松井弥加（チャンネルくらら）
校　正　雨宮美佐・米内和希
編　集　川本悟史（ワニブックス）

発行者　横内正昭
編集人　岩尾雅彦
発行所　株式会社 ワニブックス
〒150-8482
東京都渋谷区恵比寿4-4-9 えびす大黒ビル
電話　03-5449-2711（代表）
03-5449-2716（編集部）
ワニブックスHP　http://www.wani.co.jp/
WANI BOOKOUT　http://www.wanibookout.com/
WANI BOOKS News Crunch　https://wanibooks-newscrunch.com/

印刷所　株式会社 光邦
ＤＴＰ　アクアスピリット
製本所　ナショナル製本

ISBN 978-4-8470-7059-4